高职院校教师育人
能力提升方法研究

——基于 15 个工具的实践与应用

阚雅玲　赵文德　著

中国商务出版社

·北京·

图书在版编目（CIP）数据

高职院校教师育人能力提升方法研究：基于15个工具的实践与应用 / 阚雅玲，赵文德著 . --北京：中国商务出版社，2023.7

ISBN 978-7-5103-4911-9

Ⅰ.①高… Ⅱ.①阚… ②赵… Ⅲ.①高等职业教育—教师—教学能力—研究 Ⅳ.①G715

中国国家版本馆 CIP 数据核字（2023）第 227120 号

高职院校教师育人能力提升方法研究
——基于 15 个工具的实践与应用
GAOZHI YUANXIAO JIAOSHI YUREN NENGLI TISHENG FANGFA YANJIU
——JIYU 15GE GONGJU DE SHIJIAN YU YINGYONG

阚雅玲　赵文德　著

| 出　　版：中国商务出版社 |
| 地　　址：北京市东城区安外东后巷 28 号　　邮　编：100710 |
| 责任部门：外语事业部（010-64283818） |
| 责任编辑：李自满 |
| 直销客服：010-64283818 |
| 总　发　行：中国商务出版社发行部（010-64208388　64515150） |
| 网购零售：中国商务出版社淘宝店（010-64286917） |
| 网　　址：http://www.cctpress.com |
| 网　　店：https://shop595663922.taobao.com |
| 邮　　箱：347675974@qq.com |
| 排　　版：冯旱雨 |
| 印　　刷：凯德印刷（天津）有限公司 |
| 开　　本：710 毫米×1000 毫米　1/16 |
| 印　　张：15.75　　　　　　　　　　　　　　字　　数：258 千字 |
| 版　　次：2024 年 3 月第 1 版　　　　　　　印　　次：2024 年 3 月第 1 次印刷 |
| 书　　号：ISBN 978-7-5103-4911-9 |
| 定　　价：80.00 元 |

凡所购本版图书如有印装质量问题，请与本社印制部联系（电话：010-64248236）
版权所有　盗版必究（盗版侵权举报可发邮件到本社邮箱：cctp@cctpress.com）

序一　情　绪

以"情绪"为题,是因近三年参加阚雅玲名师工作室的感受,也是对各位老师阅读和使用这本书的建议。

教师面对学生时,所具有的精神与行为状态是育人能力的具体表现,当愉悦、专注、思维活跃等词还不足以描述师生相处时的美妙,这位教师必然会以此为生命的全部;若是乏味、拖沓、涣散之类的感受挤占了老师和学生相处的空间,教师这份工作带来的只会是胆怯、空虚和抱怨。从这个角度上看,情绪是最能体现教学追求的,是最需要去钻研、设计与呵护的,也是最能表征与生成育人能力的。

情绪不是其他因素引致的结果吗?怎么会有生成育人能力的作用呢?长期以来,人们将情绪同感官刺激相联系,带有一种轻视或是避而不谈的有意忽视,甚至是将其视为理性控制的对象。我想这种认识与社会发展水平有关,在技术、经济、政治等方面的发展相对落后的时代,人会努力将欲念控制在低水平,将情绪活动视为风险。但回望历史,能够被铭记的、能够被称为进步力量的仍然是有情绪的人、有情绪的事。毕竟,我们的主观世界创造了人类社会,人类社会最迷人的地方就是情绪,最伟大的力量源自情绪。

正如阚老师所说,我和她之间在做学问、定战略、带队伍、抓落实等方面常常会有碰撞、交锋和冲突。记得是在去外地出差的路上,我们闲聊时提到老师上课的问题,因为对工具的看法产生很明显的分歧。她认为人在面对问题时要选择正确的方向,教师要告诉学生这个正确的方向是什么,不要让他们走弯路。而我则坚持方向因人和事而存在,不存在"正确的方向",教师在上课时要保持中立,让学生自己去寻找,并且特别强调要引导学生学习本专业领域中的工具,比如波士顿矩阵。她当时对我的看法是不认同的,认为这种做法没有完全尽到一个老师的责任。我不能眼看着彼此的交流沦为冲突，于是就说她在给老师们培训过程中的许多观点就是工具，只不过是还没有转换为图形，并建议她尝试一下由文字到逻辑图的转换。我记得非常清楚，她当时白了我一眼，并且嘟囔了一句：那不是我擅长的，我是直觉型的人。

然而让我有些惊讶的是阚老师最终选择了工具，并且用狂飙绝尘之势开辟了课程思政教学改革的新局面，取得教育部课程思政示范课、国家在线精品课程、疫情防控期间开展40余期课程思政师资培训班等成绩。是什么让她一往无前，而不是将自己的一生活成半生的模样？理性、责任或者是职业生涯转型？这种规规矩矩却毫无生气的词汇怎么能解释一位名师的选择。想起她跟我说过的一句话：我喜欢这份工作，它带给我很大的幸福感。我想这是关键。阚老师不仅找到了或是遇到了这种感觉，更可喜的是她没有让这种感觉擦肩而过，而是观照它的存在、滋养它的成长，与它为伴、由它护佑，徜徉于内外融通的世界。没有情绪的生活是孤寂的，不会有什么影响，更谈不上创造。阚老师以自己的生活世界演绎名师的责任，有影响，有创造，更为可贵的是多了几分绚烂。我想这应归功于情绪的力量，或者大部分是这样的。

她不是个例，工作室的郭全美老师曾经访谈多位名师，并且形成专著，其中的所有名师都像阚老师一样，得而化育，将深沉、热烈且富有个性的情绪作为燃料，生成支持自己不懈奋斗的动力。

阚老师与文德老师共同完成的这本书，以帮助教师成长的工具和案例为主要内容，看似实践总结却又超出实践，有知识呈现，有案例描述，还有行动研究，无论是内容还是表达方式都有非常鲜明的个性，是有情绪的。这似乎与学术著作的传统风格不符，但这正是其迷人之处。将每个专业领域中的工具都汇集起来，何止千万，但一本类似于字典的材料汇编在当下数字化社会又有什么价值呢？更何况这本书重在心力的培养，倡导的理念是借助工具彼此发现、彼此成全，如同两个人玩跷跷板，在看似不平衡中恰恰实现了完美的和谐。所以，阅读和使用这本书的老师先需要观照内心，酝酿情绪。

我们现代物流学院遵循"以师立院、学术建院、文化兴院"，希望广大师生在情与理的平衡中，将对生命的关注转化为服务社会的力量。在党的二十大所开启的宏伟蓝图上，职业院校以其服务群体的特殊性承担着促进人的发展、实现共同富裕的重要责任。职业院校的教师成长在新时代是具有特殊意义的，也恰逢了难得的历史机遇。我们很希望与职教界、企业界的各位同人一起做好师资队伍建设工作，通过优秀的师资去发展高质量教育，让青年兼具理性的光芒与德性的温暖。这项工作需要名师引领，这种情绪需要名师营建。文德老师在阚老师的指导下已经成为学院骨干，即将出版的这本书也必将让更多老师感到有所助益。所以，在此我要以名师工作室大弟子、学院负责人的双重身份向阚老师及其团队表达敬意！

以上文字是带有情绪的，因为名师的情绪带动我欣然向前，因为遇到一群可爱的人，因为这个壮阔的时代。以此为序，再祝安好！

谭福河

2023 年 2 月 17 日

序二　学生的来信

阚老师：

您好！或许您已忘却在茫茫桃李之中的一名普通学生，但您一直是我人生中非常重要的导师。学习您的课程已是三年以前的事情了，不可否认的是那些课程于我而言具有深刻的意义和深远的影响。某天惊觉，老师的教诲已指导我越过许多关隘，不断走向新的征程。师者，传道授业解惑也，无一例外，您都做到了。

您曾分享，关于您的往昔数个十年，峥嵘岁月间辗转的各个阶段，都在为自己深沉热爱的教育事业奋斗，就算曲折，亦全当是为热爱在铺路。清醒地知道热爱是要付出代价的，这是我在您课堂上认识的"道"。此间山遥路远，却唯有坚持初心，栉风沐雨，不可朝秦暮楚，不可三分热度。

课堂上的"内方外圆"是您修为的体现，或许换一个人来讲解，学生会少几分心悦诚服。至今，我仍时刻提醒自己坚持内心的度衡，大是大非面前，内心需要极大的勇气，才能在利益、纷争和干扰中秉持本心。而"外圆"更是考验一个年轻人的胸怀，能容纳别人未同行的孤独和不一样的观念；不反驳他人的论判和冒犯；不记恨别人的不理解甚至是伤害。是啊，或许他人确实错了，而自己的起心动念，又对在哪里呢？

您为我解惑的，是"谦卑"二字。可我大学时光时依旧张扬，会因为小成绩洋洋得意，亦会因为小打击黯然神伤，"谦卑"是诚心正意，是戒骄戒躁。今天明白，也并不算晚，只要躬身践行，便算不负教诲。

肖俊涛同学曾在课堂上发言："知止而后有定，定而后能静，静而后能安，安而后能虑，虑而后能得。"您说这是《大学》的论断。大学之道，在明明德，在亲民，在止于至善。学生何其有幸，得阚老师指点迷津，那或是学生最接近"大学之道"的时刻。

年关将近，又添新岁、恰逢疫情放开，愿老师能珍重身体，祝老师新年快乐、桃李芬芳。

林羽君（司徒）

2022 年 12 月 18 日

前　言

看到一些年轻人因为内卷而躺平，内心不由得会想：职业生涯就这三、四十年，退休后可以躺平的日子还很多，真无须将自己的一生活成半生的模样。我的职业生涯基本上是十年规划一次，1990年大学毕业，第一个十年给了企业，拥有十年特大型企业从业经验后，2000年来到番职院开启执教历程。计划五年专注教学，站稳讲台；五年专注科研，获评教授，结果用了七年提前完成任务。学校希望我更有担当，做二级学院院长，职业生涯就此转折，提前三年走完第二段路程。2008年开始做管理学院院长，至2018年走完职业生涯的第三个十年。问自己接下来的第四个十年要往哪里走，内心有个坚定的声音：回到教师岗位，做名师工作室，培养和指导更多青年教师，服务更多学生成长。

职业生涯这三十余年，无论是在企业还是在学校，无论是教学生还是带队伍，都感觉技术和技能不是最重要的，态度和思维才是最重要的。教书不易，育人更难。经师易得，人师难求。职业生涯的第四个十年，我给自己的定位是努力成为人师，以此为生、精于此道。这些年，我一直在找寻真正能解决态度和思维问题的工具和方法，希望赋予学生和老师主动解决问题和实践"良知"的力量。2019年开发了"心智与行为模式提升"课程，2021年获评教育部课程思政示范课。该课程旨在培养学生胜任工作岗位的职业软能力，为专业的"岗、课、赛、证、创"提供价值引领、思辨能力、方法能力和社会能力。它以"课程思政"为引领，突出思维工具的运用，通过拓展思维模式、优化语言模式、改善情绪模式、提升行为模式，促进心智成熟、人格完善、素养达成，实现职业发展与格局提升。

与此同时，2019年我们向学校提出先行试点课程思政，依托名师工作室成立课程团队，带领老师们深入学生中间去了解、去发现他们需要解决的思想问题，在解决问题的过程中边学边干，提出了"理论引领、名师先行、问题导向、工具驱动"的课程思政建设模式。2020年"阚雅玲名师工作室：课程思政探索与实践"培训课程在学习通上线，从实践中来到实践中去，不断更新、迭代、完善和提升，至今已面向百余所中高职院校开展了100余期线上线下培训，培训教师万余人次。我们的探索与实践旨在溯本求源、抽丝剥茧，逐步探索课程思政育人的本质、路径和方法，并在与师生的沟通和交流中理清思路、激发灵感、破题发展。

都说教师是人类灵魂的工程师，与灵魂对话，改变一个人的灵魂，是何等神圣，又是何等艰难。育人能力就是触达灵魂深处的能力，是结合学生个体的特殊情境帮助其成长的能力。中国职业教育20年的课改，让老师们在技术技能训练方面积累了丰富经验，但如何提升育人能力却经常困扰着大家。面对学生的灵魂，怎样才能像工程师一样，既能统揽全局、把握关键，又能专注细节、精益求精？我们需要掌握哪些与灵魂对话的技术与工具？在课程思政的建设与师资培训过程中，发现表面化、两张皮、硬融入、猛堆砌、太显性等问题非常突出，让课程思政做到春风化雨、入脑入心、润物无声对老师们来说是巨大挑战，这种现象令我们忧虑，也让我们反思。教师是需要不断修炼的，对年轻教师来说，尤为如此。但是，我们不能等着教师悟道以后再去教学生，我们更需要找到工具、找到技术，像工程师一样在实践中、在与学生的互动中，持续完善自己、帮助学生。

工欲善其事，必先利其器。我们工作室经过三年多的课程思政研究与实践，提出了"问题导向、工具驱动"的育人能力修炼路径，在此基础上，开发了"提升教师育人能力的工具箱"这门课程，帮助老师们学会发现、学会引导、学会转化、学会创造，让事关灵魂的教书育人更加具体、更加生动、更加持续。目前这个工具箱共有15个工具，主要用于解决思维问题；语言情绪和行为问题；还有一些是关于如何清晰地呈现问题；如何理性的选择与决策；如何有效地改变与完善，最后帮助学生实现全面成长。

第一章是背景概述，从学术理论的角度梳理和阐述了提升教师育人能力的背景与价值、内涵与本质、路径与策略；其中，课程思政是提升教师育人能力的重要抓手，也是我们团队育人工作的重要抓手，在本章的结尾分享了部分学者的课程思政育人案例。第二章到第十六章是15个工具，前3个工具是关于思维管理，第1个是拓展思维深度、帮助我们发现事物本质的黄金圈法则；第 2 个是拓展思维广度、帮助我们转换视角、找到正确焦点的 AMBR 焦点管理；第 3 个是拓展思维高度、帮助我们提升站位与格局的逻辑层次图。第 4—5 个是关于语言和行动的管理，一是语言负转正；二是成果框架。第 6—7，是关于情绪的管理，一是情绪管理 ABC，二是与人共情。第 8 个是关于时间管理的工具，叫时间管理矩阵图。第 9 个是关于测量、评价，将抽象笼统问题具体化的一个工具，叫刻度尺。第 10—11 个工具，是关于如何提问的工具，一是强有力问题，二是假如框架。第 12—13 个工具是关于呈现、选择和决策的工具。一是平衡轮；二是笛卡尔坐标。第 14 个工具是关于如何让成长与改变发生的一个工具。最后一个工具，第 15 个工具，叫 GROW 模型，它是一个综合性、系统性的工具。第十七章是工具运用综合性案例，这些案例大多来源于我们团队在教书育人、教师培训、专题分享等工作中积累的真实案例，具有一定的代表性和启发性，供读者参考。第十八章是工具运用指导性建议，我们针对每个工具提出使用的建议及范例，旨在指引读者如何在课堂上面对学生有效使用这些工具，当然了，工具只是手段，本身不是目的，更重要的是需要坚持"学以致用、知行合一、身心合一"，这也是我们团队的一个重要理念。

每个工具的学习，我们都是本着问题导向、工具驱动的原则，共给出了 70 个案例，解决学生的世界观、人生观、价值观等方面的问题，以此帮助老师们深入理解工具，并给出了运用工具的方法和策略，进一步提升教师育人能力。

全书共 18 章，由广州番禺职业技术学院阚雅玲、赵文德共同完成，具体分工如下：阚雅玲负责第二至第六章、第十至第十六章内容的编写，赵文德负责第一章、第七、八、九章、第十七章、第十八章内容的编写以及专著文献的梳理。在此，感谢我的团队、同事在课程思政建设中的不懈努力和辛勤付出；感谢我校领导给予我们的信任与支持以及先行先试的空间和发展的条件；感谢兄弟院校的领导和老师对我们课程思政培训的认可与鼓励以及宝贵的意见和建议。本书在写作过程中，借鉴了很多前辈以及同行的论著和分享，在此一并表达我的诚挚谢意！由于我们水平非常有限，书中难免有错误和疏漏之处，敬请广大读者批评指正。

2023 年 02 月 16 日

目　录

第一章	背景概述	1
第二章	工具1：黄金圈法则	44
第三章	工具2：AMBR焦点管理	57
第四章	工具3：逻辑层次图	67
第五章	工具4：语言负转正	79
第六章	工具5：成果框架	89
第七章	工具6：情绪管理ABC	97
第八章	工具7：与人共情	103
第九章	工具8：时间管理矩阵	110
第十章	工具9：刻度尺	122
第十一章	工具10：强有力问题	129
第十二章	工具11：假如式提问	140
第十三章	工具12：平衡轮	149
第十四章	工具13：笛卡尔坐标	156
第十五章	工具14：改变方程式	165
第十六章	工具15：GROW模型	175
第十七章	工具运用综合性案例	188
第十八章	工具运用指导性建议	199
参考文献		227

第一章 背景概述

百年大计，教育为本；教育大计，教师为本。落实立德树人根本任务，提高教育教学质量，关键在教师。韩愈的《师说》有言："师者，所以传道受业解惑也。人非生而知之者，孰能无惑？惑而不从师，其为惑也，终不解矣。"习近平总书记曾指出："教师重要，就在于教师的工作是塑造灵魂、塑造生命、塑造人的工作。"有高质量的教师队伍，才会有高质量的教育（尤芳舟，2021；向和，2010）。

教书育人是教师的使命也是教师的根本任务，教书育人能力是教师素质的根本体现（向和，2010），是否具有扎实的教学能力是衡量一名教师合格与否的基本标志（彭艳红，廖军和，2018）。从某种意义上讲，高校教师的育人能力决定着育人水平，决定着高校立德树人的水平，决定着高等教育的品质（靳玉乐，2021），育人能力是教师教育教学能力的核心（董奇，2017）。叶剑强等（2022）基于理科教师胜任力的操作性定义，构建了理科教师胜任力的理论模型，包括教学实践能力、育人能力、教师专业伦理、科学观念与思维4项核心要素；通过研究发现育人能力的权重在4项核心要素中居于首位。徐和清和胡祖光（2007）通过实证研究方法对高校人才培养模式的绩效进行分析，结果发现教师教书育人能力、实践教学环节、校园文化、学生主体地位对学生学习积极性及综合素质的影响相对较大。教师的"教书育人能力"（即如何实现教师教育、教学过程的有效性）是学术界和教育界所广泛关注的课题（季春阳，廖志刚，2005；周湘林，2022）。

一、教师育人能力研究趋势与政策背景

（一）总题趋势分析

在知网通过"育人能力"关键词搜索，共计检索（含SCI来源期、EI

来源期刊、核心期、CSSCI、CSCD）1758篇（数据截至2023年1月），该主题在20世纪90年代进入学术界视野，发文数量在2005年左右出现拐点，之后迅速增长，在2022年达到顶点，预计在2023年会有所突破。

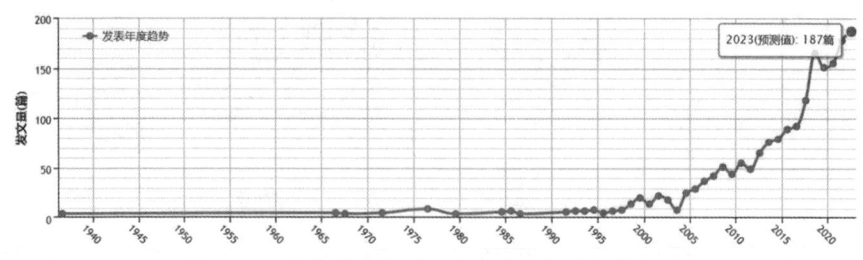

图1-1　国内学术期刊"育人能力"发文趋势图

（二）主题分布分析

对所检索的文件进行主题分布分析，发现在"育人能力""课程思政""思政建设""育人工作""立德树人""育人意识"等方面发文数量居多。

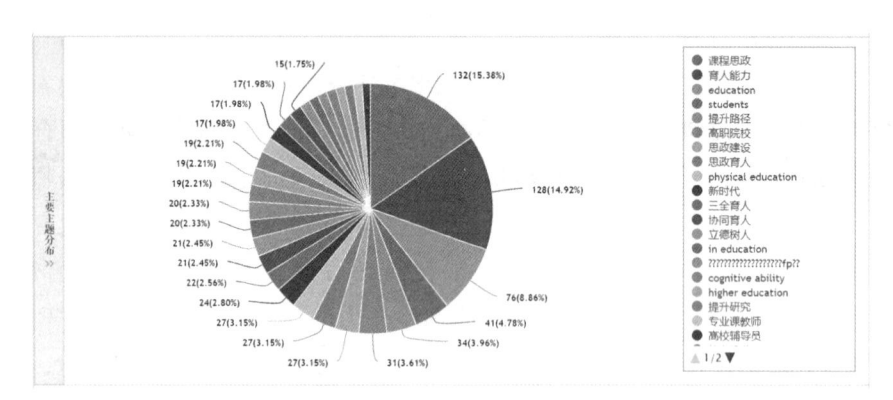

图1-2　"育人能力"研究主要主题分布（1）

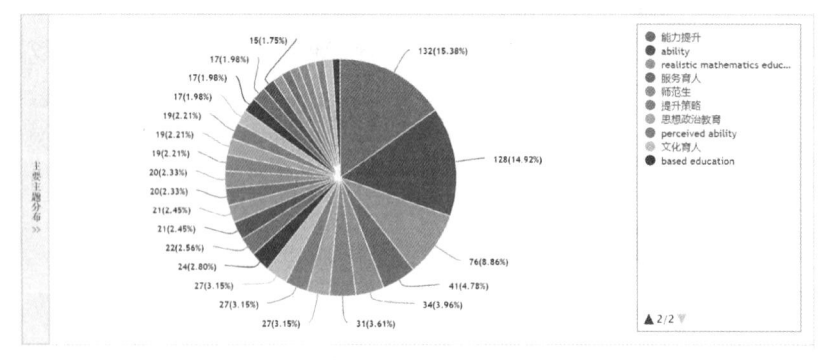

图1-3　"育人能力"研究主要主题分布（2）

通过排名梳理，发文数量前10的主题分别是"育人能力""课程思政""education""students""思政建设""立德树人""physical education""高职院校""思政育人"。

(三) 具体指标分析

将文献以引用率进行排名，将前50名的文献进行统计分析，可以看到总下载数量达到83545，总被引数为1612，篇均被引数为32.24，这些都是一些质量较高，引用率高，学者和期刊相对认可的文献，可以进行选择性深度分析。

表 1-1 引用率排名前 50 文献指标统计

文献数	总参考数	总被引数	总下载数	篇均参考数	篇均被引数	篇均下载数	下载被引比
50	50	1612	83545	1	32.24	1670.9	0.02

通过文献互引网络分析，可以发现《高校推进"课程思政"全员全过程全方位育人的有效路径研究》《立德树人视域下高校心理育人价值及其实现路径》《教师一般育人能力的意义、特点与构成》《新时代高校教师一般育人能力探讨》等文章是互引最多的文献，也就是被同行认可最多的文献。

图 1-4 文献互引网络分析（1）

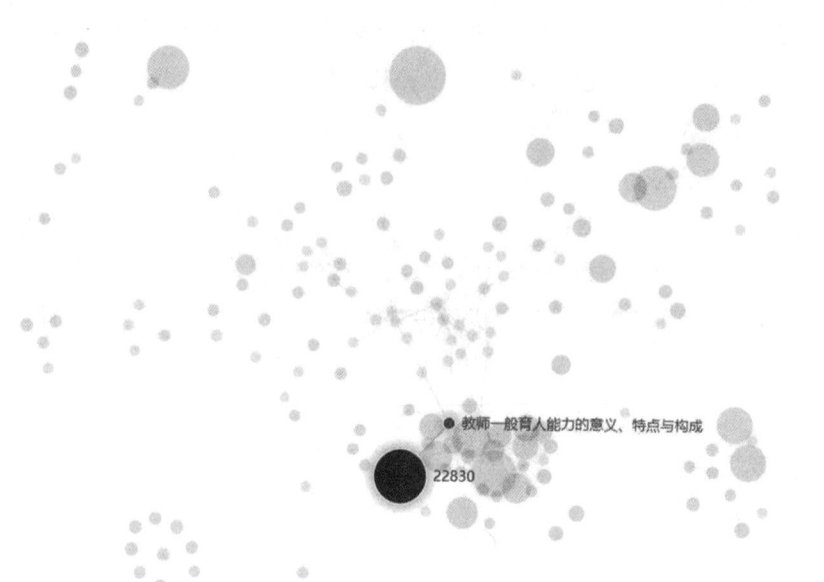

图 1-5 文献互引网络分析（2）

图 1-6 文献互引网络分析（3）

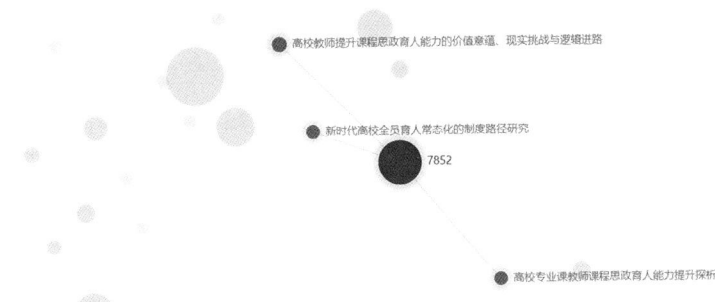

图 1-7 文献互引网络分析 (4)

关键词是一篇论文的核心概括，对论文关键词进行分析可对文章主题窥探一二。通过关键词共现网络分析（词组1：编辑职业；词组2：教育途径、榜样教育；词组3：孩子成长、自我诊断；词组4：学习过程、思维过程；词组5：育人实践、育人氛围、育人体系；词组6：思想政治教育、课程思政、育人能力），可以发现词组6（思想政治教育、课程思政、育人能力）出现的次数最多，与主题的关系最紧密。

作者合作网络分析，节点旁的信息提示框中会显示该作者姓名、单位、发文数，该发文数为在中国知网文献库中的总量。统计发现，靳玉乐（深圳大学）、余胜泉（北京师范大学）、董奇（北京师范大学）、沈壮海（武汉大学）、孙佳明（长春中医药大学）、黄蓉生（西南大学）、毕华林（山东师范大学）等学者的发文数量排在前列。

通过学科分布和来源分布分析发现，这些文献主要来源于高等教育、教育理论与教育管理、中等教育、职业教育等学科；这些文献主要发表在《中国高等教育》《思想理论教育导刊》《中国教育学刊》《思想理论教育》等知名期刊。

通过基金分布和机构分布分析发现，这些文献主要来源于国家社会科学基金、教育部人文社会科学研究项目、全国教育科学规划课题等；在机构分布上，西南大学、东北师范大学、北京师范大学等师范类本科院校发文数量居多，质量较好。

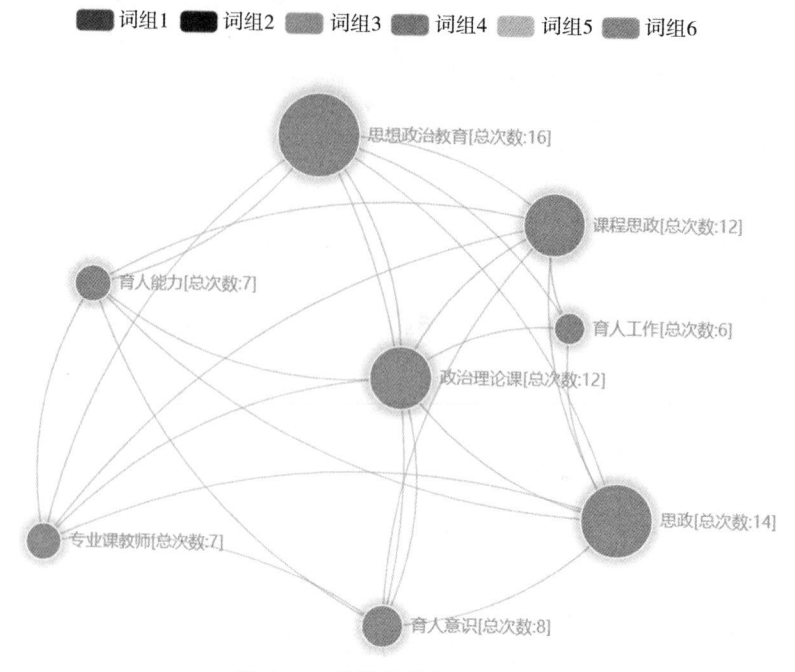

图 1-8 关键词共现网络分析

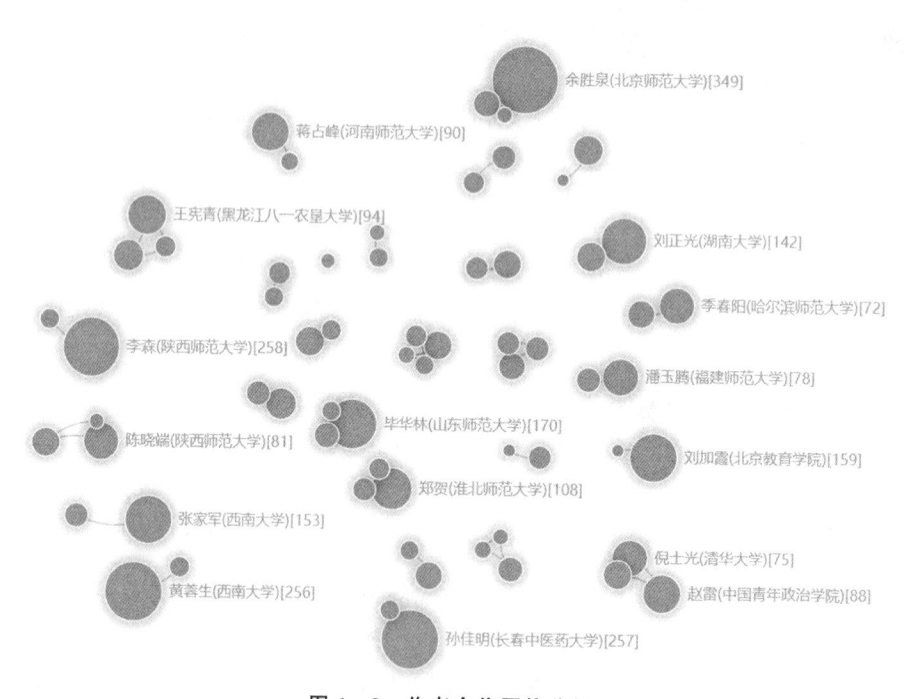

图 1-9 作者合作网络分析

学科分布

■高等教育　■其他　■教育理论与教育管理　■中等教育　■职业教育

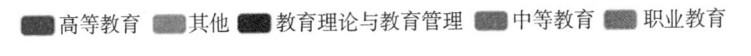

64%　12%　8%　8%

图1-10　学科来源分布情况

来源分布

■中国高等教育　■其他　■思想理论教育导刊　■中国教育学刊　■思想理论教育

6%　6%　6%　6%

图1-11　期刊来源分布情况

基金分布

■国家社会科学基金　■其他　■教育部人文社会科学研究项目　■全国教育科学规划课题

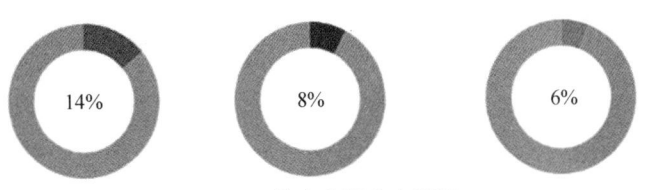

14%　8%　6%

图1-12　基金来源分布情况

机构分布

■西南大学　■其他　■东北师范大学　■北京师范大学

8%　8%　6%

图1-13　机构来源分布情况

围绕立德树人、教书育人，国家相关部门也出台了一系列文件政策，本书整理了部分文件如下表所示。

表1-2 2018—2022年教师育人能力相关文件政策（部分）

发布时间	发布部门/人	文件名称	重点内容
2018	中共中央、国务院	《关于全面深化新时代教师队伍建设改革的意见》	全面提高高等学校教师质量，建设一支高素质创新型的教师队伍。着力提高教师专业能力，推进高等教育内涵式发展；全面开展高等学校教师教学能力提升培训
2019	教育部、发展改革委、财政部、人力资源社会保障部	《深化新时代职业教育"双师型"教师队伍建设改革实施方案》	突出"双师型"教师个体成长和"双师型"教学团队建设相结合，提高教师教育教学能力和专业实践能力；全面提升教师开展教学、培训和评价的能力以及团队协作能力，为提高复合型技术技能人才培养培训质量提供强有力的师资保证
2020	中共中央、国务院	《深化新时代教育评价改革总体方案》	把认真履行教育教学职责作为评价教师的基本要求，引导教师上好每一节课、关爱每一个学生。健全"双师型"教师认定、聘用、考核等评价标准，突出实践技能水平和专业教学能力
2020	教育部等九部门	《职业教育提质培优行动计划（2020—2023年）》	将课程教学改革推向纵深，鼓励教师团队对接职业标准和工作过程，探索分工协作的模块化教学组织方式
2021	十三届全国人大四次会议	《中华人民共和国国民经济和社会发展第十四个五年规划和2035年远景目标纲要》	建立高水平现代教师教育体系，加强师德师风建设，完善教师管理和发展政策体系，提升教师教书育人能力素质
2022	教育部等八部门	《新时代基础教育强师计划》	遵循教师成长规律，改革师范院校课程教学内容，改进教学方法手段，强化教育实践环节，提高师范生培养质量。实施新周期名师名校长领航计划，培养造就一批引领教育改革发展、辐射带动区域教师素质能力提升的教育家

二、提升教师育人能力的必要性和价值性

"教书育人",看似老生常谈的话题,但并不是每一位教师都能够认识到学科教学的根本目的是"育人",也不能很好地掌握"育什么样的人"及"怎样育人"的深刻内涵(刘加霞,王秀梅,2019)。主要有以下几个方面的具体原因:一是从具体的育人实践来看,高校教师育人能力仍存在着育人理念"泛化"难以唤起教师自觉自省、育人关系"异化"加剧师生双向互动不良以及育人手段"物化"导致了过程与结果的背离等现实问题(陈恩伦,金哲,2021);二是长期以来,我国大学的学科专业划分过细,遵循的是学科教学逻辑,凸显的是知识本位的教育制度,对知识的传授和技能的训练甚至被窄化成了"为考试而教",学生情感的发展、态度的养成、价值观的塑造则处于边缘化的地位,导致"教书"与"育人"的分离(靳玉乐,2021);三是当今社会的利益多样化、价值多元化、教育国际化、观念开放化时刻冲击着青年学生的意识形态,进入"互联网+"时代,获取知识越来越容易,但随之而来的知识选择、价值判断和为谁服务的问题却越来越突出(赵鸣歧,2018);四是新时代大学生追求思想独立,自我意识和竞争意识强烈,视野开阔,思维活跃,易于接受新鲜事物,但辨别力和判断力不足,善于利用网络也过分依赖网络,价值观趋于务实,有时呈现实用主义倾向(尤芳舟,2021);大多数年轻学生缺乏对网络信息的认识、鉴别、批判和转化等能力(王建洲,2018)。

高校教师中80%是专业教师,开设课程的80%是专业课程,学生学习时间的80%是用于专业课的学习(邓晖,2020)。现在的教学对象绝大多数都是"95后",甚至是"00后"独生子女,很多学生属于"低头族""宅居族""追星族""逃课族""网游族"等族群的成员(王建洲,2018);高校学生正处在思维能力的涨潮期,思想活跃、求知欲旺盛,容易吸收新鲜思想,但同时判断力和辨别力不足,教师的价值导向直接影响着学生的价值取向和自我构建(尤芳舟,2021)。若只重视"教"而忽视"育",关注教师的"教学能力"而无视"育人能力",必会出现教育的偏差(刘鹏等,2020)。长此以往,教师的"教书"能力可能不断提高,但其"育人"能力则处于不断下降的态势,这显然不利于学生的成长和发展(靳玉乐,2021)。近年来由于高职院校的不断扩招和自媒体的日益兴盛,给思想政治教育工作带来了新的

挑战（周小单，2019）；育人能力的建设同样也成为辅导员队伍的根本建设，提高育人能力是辅导员队伍建设的关键（邱伟光，2005）。因此，全面提升高校专业教师的育人能力，是推动我国高等教育发展的迫切需求，是加强新时代高校教师队伍建设的必然选择，也是促进青年学生全面、健康发展的坚实保障（尤芳舟，2021）。

价值观的形成是一个复杂、系统的过程，是一个由认识到理解直至内化于心的过程，包括价值理解—价值认同—价值选择—价值整合（周莉，2005；刘敏慧，2015）。因此，教育是一项复杂的、系统的培养人的社会活动；要保证教育活动的顺利完成，教育者必须具备扎实的多方面的能力（彭艳红，廖军和，2018）。我国教育历来重视"学为成人""化性起伪"，强调教书以培养"贤人""君子"为教育目的。在外国教育史上，古希腊"三贤"——苏格拉底（Socrates）、柏拉图（Plato）、亚里士多德都主张将知识教育与道德教育相结合，注重培养学生"善"的道德品质（靳玉乐，2021）。立德树人是高校的根本任务，立德树人的成效是检验高校一切工作的根本标准。落实立德树人根本任务，必须将价值塑造、知识传授和能力培养三者融为一体、不可割裂（朱晓婷，2021；邱秋云，2020）。而高校课堂是立德树人的主渠道和主阵地，高校教师是落实立德树人根本任务的责任主体和实施主体（尤芳舟，2021）。在很大程度上，教师是否具有一定的教学艺术以及在何种意义上具有教学艺术，不仅直接影响教学的艺术性呈现，还关乎深层关系教学质量的提升，最终影响立德树人旨趣的实现。正因此，教师的教学艺术是教师的一种高阶育人能力（张铭凯，王潇晨，2021），故培养和提升教师的教育教学能力，应该以育人能力为核心（董奇，2017）。

三、提升教师育人能力的内涵与本质

教师育人能力的研判是新时代教师队伍建设的核心议题（张铭凯，王潇晨，2021）。教师的职责是教书育人，"教"是过程，"育"是目的；教书为表，育人及里（刘鹂等，2020）。育人是培养人、塑造人的过程（谢守成，文凡，2019）；"育人"中的"育"就是培养、教育，宗旨在于使人成为人，是教育价值的重要体现（靳玉乐，2021）。千百年来，教书育人已成为教师职业的根本使命，教书育人能力素质已成为判断一个人是否有资格成为教师

和一个教师是否称职的根本标准（李宜江，2021）。高校教师教育者具有"人师"和"经师"双重身份。"人师"意在对高校教师教育者作为"道德人"的"道"的价值阐释；"经师"重在对高校教师教育者以"术"为标榜的"专业人"的身份建构（游旭群，罗生全，2022）。英国教育家洛克（John Locke）在《教育漫话》中指出："教师的重要工作是在他的学生身上培养风度（Fashion the Carriage），培养心智；养成良好的习惯，坚守德行与智慧的原则。在高校教师应当具备的教学、科研和社会服务等多方面能力中，最基础、最核心、最根本的能力就是育人能力（靳玉乐，2021；董奇，2017）。教师育人能力是综合性、统整性的能力，其指向学习者完整生命的成长与发展，是教师能力的硬核、灵魂和基石（刘鹂等，2020）。教师育人能力的内涵主要包括专业知识、文化意识、品性素养、专长技能（贺慧敏，2020）。

人们对教师育人能力的要求随历史变迁和社会发展而改变，教师育人能力的内涵和外延也会随时代的改变而不同（刘鹂等，2020）。春秋战国时期，对教师育人能力的理解在于教师能够培养出士、君子、贤人一类的人才；封建社会时期，儒家文化教育成为评判教师育人能力的终极指标；在中华人民共和国成立初期，教师育人能力即转向促进学生掌握基础知识与基本技能，使之成为合格的社会主义建设者的能力；新时代，教育要引导学生培育和践行社会主义核心价值观，踏踏实实修好品德，成为有大爱大德大情怀的人；培养担当民族复兴大任的时代新人，实现为国家培养德智体美劳全面发展的中国特色社会主义事业建设者和接班人的最终目标（刘鹂等，2020）。

国外学者从"能力素质"的角度研究了教师育人能力的内涵，即美国著名组织行为心理学家大卫·麦克利兰（David McClelland）提出的"能力素质"理论模型。麦克利兰将能力素质（Competency）界定如下：能明确区分在特定工作岗位和组织环境中杰出绩效水平和一般绩效水平的个人特征，并从知识（Knowledge）、技能（Skill）、自我概念（Self-Concept）、特质（Traits）和动机（Motives）等层面对能力进行素质层面解析。美国心理学家斯班瑟（Lyle M. Spencer）进一步深化能力素质研究，并提出了"能力素质冰山模型"的概念。

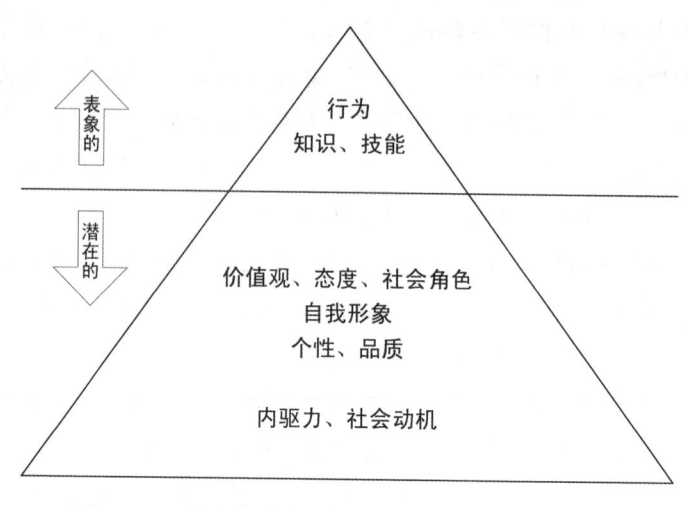

```
         ┌─────┐
         │表象的│        行为
         └──┬──┘       知识、技能
            ↓
         ┌─────┐
         │潜在的│    价值观、态度、社会角色
         └──┬──┘        自我形象
            ↓           个性、品质

                     内驱力、社会动机
```

图 1-14 能力素质冰山模型示意图（彭剑峰，2005）

以往关于育人能力的研究通常指向教师的一般育人能力，新时代教师育人能力价值体现在促进学生全面发展、学生长远发展、丰实教师专业内涵与职业生涯体验等诸方面（刘鹏等，2020）。当前我国学者关于教师育人能力的概念界定大致分为三类：一是从内容视角出发，教师育人能力包括专业知识、文化意识、品性素养以及专长技能四个维度（贺慧敏，2020）；二是从方法视角出发，在教育教学的实践过程中，为了培养学生健全的人格，促使学生健康发展，所有教师都应具备的教育情怀、人格魅力和应该掌握的基本的教育方式方法等（张家军，靳玉乐，2020）；三是从性质视角出发，教师育人能力是教师在教育场域适当行动以指向育人目标实现的主体性特质，体现教育的伦理关怀（刘鹏等，2020）。高校教师的一般育人能力可以定义为高校教师在教育实践过程中为了促进学生全面发展、培养学生健全的人格所应具备的共同性教育能力或普通教育能力，其核心是培育、引导学生"成人"（靳玉乐，2021；苏娜，刘梅梅，2021）。彭艳红和廖军和（2018）认为教师的育人能力不仅包括基本的进行班级管理与指导的能力，还应包括综合育人的能力。以提升实践育人质量为核心的内涵建设已成为高校实践教学改革的新常态（高红梅等，2018）。教师的教育实践能力成为关键，其具体是指在从事教育职业活动中运用特定的知识和技能来解决教育教学问题的能力，主要包含教学能力、育人能力、管理能力和发展能力等（黄福艳，2015；彭艳红，廖军和，2018）。其中教学能力一般主要包括教学设计、教学实施、

教学评价、教学研究等能力（彭艳红，廖军和，2018）。陈红敏等（2012）采用探索性因素分析、验证性因素分析等统计法，最终确定了高校优秀教师所应必备的胜任特征，分别是教学能力、专业能力、调控能力、职业素质、工作态度、人际沟通、育人能力和成就动机。郭丽莹（2020）构建了包含教育教学能力、创新创业能力、实践育人能力、自主发展能力的高校创新创业教师胜任力的指标体系，并基于全国12596名教师样本进行了实证分析。

高校专业教师育人能力的基本构成要素中，对学生的价值塑造是核心，知识传授是根基，能力培养是归宿（尤芳舟，2021）。价值塑造位居立德树人根本任务之首，是新时代高校人才培养任务的核心，是构成专业教师育人能力的核心内容和第一要素（尤芳舟，2021）。

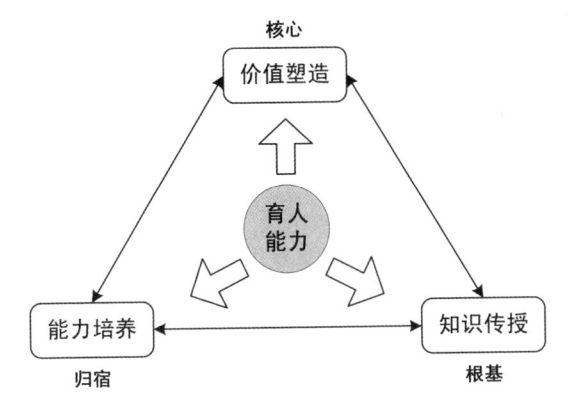

图1-15 高校专业教师育人能力基本要素（尤芳舟，2021）

育人能力作为教师的核心能力是教师为师之根本，具有价值导向特征、要素统整特征、情境诱发特征（刘鹂等，2020）。

①教师育人能力指向育人目标的实现，具有价值导向特征。

②教师育人能力以教师认知、理解、思维、沟通等能力为基础，以教师的情感、态度、意志、价值观等内在特质为关键影响因素，具有要素统整特征。

③教师育人能力在多元化教育场域呈现，彰显教师教育实践智慧，具有情境诱发特征。

对教师育人的研究不是认识的结果，而是将育人结果进行还原，去检验与考察其过程（陈恩伦，金哲，2021）。因此，高校教师不仅要有专业能力的发展，更要有对育人事业的理解（靳玉乐，2021）。当今社会是学习型社会，教师要不断适应时代和教育发展的要求，必须具备终身学习与专业发展的意识（彭艳红，廖军和，2018）。学科教学不仅要关注作为人类经验和精神文化成果的结果性知识，更要关注作为人的生命实践活动的关系形态和过程形态的知识（吴亚萍，2016）。因此，教师在进行学科教学时不仅要拓展、开发学科内容本身的育人价值，更要充分开发学科学习活动、学习过程中蕴含的育人价值（刘加霞，王秀梅，2019）。与此同时，还有一个看似微观，实则直接关乎人才培养质量持续提高的带根本性的问题不可不察，那就是如何全面提升广大教师，尤其是中青年教师的教书育人能力和水平（浩歌，2010）；与老教师相比青年教师大多具有较高的学历，知识储备丰富，精力旺盛，但同时也具有教学经验欠缺、教学能力不足的弱点（陈红敏等，2012）。王剑锋等（2021）提出的职教师范生职业能力标准指标对这一问题的解决或许有一定的参考价值。

王剑锋等（2021）认为职教师资培养院校应以"补短板、强弱项"为工作重点，坚持以生为本，优化人才培养方案，加强专业建设，完善课程体系，促进职教师范生师德践行能力、专业教学能力、综合育人能力、自我发展能力的持续增进。

表 1-3 职教师范生职业能力标准指标（王剑锋等，2021）

能力类型	能力描述	能力指标
师德践行能力	遵守师德规范	理想信念；立德树人；师德准则
	涵养教育情怀	职业认同；关爱学生；用心从教；自身修养
	弘扬工匠精神	工匠精神
专业教学能力	掌握专业知识	教育基础；专业素养；信息素养；知识整合
	开展专业实践	操作能力；获取证书
	学会教学设计	熟悉标准；掌握技能；分析学情；设计教案
	实施课程教学	情境创设；教学组织；学习指导；教学评价
综合育人能力	开展班级指导	育德意识；班级管理；心理辅导；家校沟通；职业指导
	实施专业育人	育人理念；育人实践
	组织活动育人	课外活动；主题教育
自主发展能力	注重专业成长	发展规划；反思改进；学会研究
	主动交流合作	沟通技能，共同学习

四、提升教师育人能力的路径和策略

课堂是学校开展教育教学的主要阵地，课程是育人工作的重要载体（董杰，徐丛璐，2020）。虽然学生既是受教育者也是教育活动的主体，在接受教育的同时也需要发挥自育和育人的积极作用（王娜，2020）；但若专业教师能润物细无声地将育人融入课堂教学过程中，在传递知识、培养能力的同时，对学生进行思想教育、道德教育、品格教育，这对于学生的成长和发展具有重要意义（董杰，徐丛璐，2020）。荀子曾说，"未可与言而言谓之傲，可与言而不言谓之隐，不观气色而言谓之瞽"，这要求教师具有"不傲，不隐，不瞽，谨顺其身"的育人能力，意在表明教师在教学育人过程中能够做到不急躁、不隐瞒、不盲目，要在与学生对话中进行教育（张铭凯，王潇晨，2021）。提升教书育人能力，至少应该先从学习先进教育思想和育人经验入手，在改革教学（育人）方式方法上下功夫，积极探索培养高素质创新人才的有效办法和途径（浩歌，2010）。中国古代教育名著《学记》在教育史上具有举足轻重的地位，其中蕴含丰富的教师育人能力表达。《学记》中体现了教师的四种主要育人能力：深谙教学之兴废而准确掌握教学规律的能力，体悟至学之难易而循循善诱、启发引导的能力，长善救失以深刻洞悉学生心理的能力和善教善学以灵活运用教学艺术的能力（张铭凯，王潇晨，2021）。《学记》中渗透的教师教学艺术可以凝练为"善教"与"善学"的艺术。"善教"首先体现在"善问"与"善待问"的教学艺术，即教师能够针对学生接受和理解能力的差异，有区别地进行提问和解答。"善学"一方面体现为教师的专业发展是一个持续不断的过程，在这一过程中形成的教学艺术也需要不断推陈出新。另一方面，"善学"体现在教师作为学习者，只有在不断学习中更新自身的知识储备、提升自身的理论素养、纯化自身的师者心境，才可能更好作为经师和人师，以扎实的学识、过硬的本领引领学生发展，以纯粹的心态、高尚的师德影响学生发展（张铭凯，王潇晨，2021）。这要求教师要注重教育教学实践研究。另外，要注重在教育教学实践中不断反思教师。在"善教"与"善学"的过程中不断反思，在反思中实现专业发展，在专业发展的进程中提升教学艺术素养（张铭凯，王潇晨，2021）。因此，教师应当加强课程改革和课堂教学，加深价值理解；加强中华优秀传统文化教育，强化价值认同；加强实践教学，坚定价值选择；加强教师育人能力培养，实现价值整合（刘敏慧，2015）。

育人先育己，正人先正身（刘鹂等，2020）。俄国教育家乌申斯基指出："教师个人的范例，对青少年的心灵，是任何东西都不可能代替的最有用的阳光。"（肖玉红等，2005）育人能力是教师的个人特质，最终要通过教师有意识主动践行得以发展（刘鹂等，2020）。高校教师教育者队伍应突破身份意识错位、研究能力与教育能力错配、专业发展制度不健全等困境（游旭群，2022）。育人能力的形成、发展不仅是认知结构的改变，更是育人行为的发生与育人目的的达成。从教师专业发展阶段来看，所有的熟手、专家型教师，必是历经数年教育实践积累教育智慧、培育能力，从而在教育教学中有所建树（刘鹂等，2020）。认识与实践是事物的一体两面，从认识层面育人，在实践中育人，是教师育人能力内部自我生成的根本途径（刘鹂等，2020）。教师是教育的执行者，是教育过程中最主要的参与者，当然也就是最容易发现问题的人。但如果教师没有解决问题的能力，就永远无法真正成为一名合格的教育实践者（季春阳，廖志刚，2005）。由于育人能力自身的复杂性不仅体现在教师需要掌握专业知识的多少，更要从"知、情、意、行"四个维度加以审视（刘志，韩雪娇，2018）；因此，让教师成为研究者是教育发展最根本、最有效的动力（郑兆基，姜国才，1991）。而具有良好胜任力的教师是影响教育改革至关重要的因素。"胜任力"是指能将某一工作中有卓越成就者与普通者区分开来的个人的深层次特征（MCCLELLAND D C，1973）。教师胜任力作为一个具有多维性的综合性概念，正呈现出"教师核心素养"的核心内涵与价值取向（叶剑强等，2022）。

研究表明，当前高校思想政治工作体系构建的突出瓶颈在于"协同育人"观念更新的需要与"各司其职"思维惯性之间的矛盾冲突、"德才并育"双线能力的需要与"育德能力"提升缓慢之间的矛盾冲突以及"绩效评价"革新动力的需要与"育人效能"难以划分之间的矛盾冲突（刘志，2019）。特别是在育人评价方面，评价的现实状态是，以形式评价结果替代内容评价结果，无视或无法涉及效用评价结果（刘尧，2019）。破解这些瓶颈性难题的关键在于激发内生动力、提供外源推力、实现内外协同（刘志，2019），构建更加科学合理的育人能力评价指标体系。例如高职教师育人能力指标体系的构建要体现高职课程技术应用性和铸魂育人性相结合的特点，主要内容可分为师德践行能力、教育教学能力、育人效果评价三部分（王建洲，杨润勇，2022）。穆葆慧和孙佳明（2021）将 CIPP 模型引入高校"青马工程"育人能力评价，并构建了育人环境基础能力、育人资源配置能力、育人过程行动能力、育人成果绩效能力的四维评价指标体系。刘虎和王勤（2021）研究了高质量发展背景下高校实验教学育人能力建设。

五、课程思政是提升教师育人能力的重要抓手

培养什么人、怎样培养人、为谁培养人是教育的根本问题（尤芳舟，2021）；其中培养什么人，是教育的首要问题（谢守成，文凡，2019）。才者，德之资也；德者，才之帅也。人才培养一定是育人和育才相统一的过程（习近平，2018）；德才并育是塑造德才兼备、全面发展人才的重要原则（刘志，韩雪娇，2018）。因此，立德树人，对学生综合能力的培养是高校专业教育教学的最终目标和归宿（尤芳舟，2021）。而教师育人能力提升，关键就在于立德树人核心力的提升。立德树人的基本内涵可分为"立德"和"树人"两个层面。"立德"思想可以追溯到先秦时期"三不朽"的人生理想，语出《左传·襄公二十四年》："大上有立德，其次有立功，其次有立言，虽久不废，此之谓不朽。""树人"概念最早出自《管子·权修》的"一年之计，莫如树谷；十年之计，莫如树木；百年之计，莫如树人"（唐德海等，2020）。"课程思政"是深化高校思想政治教育改革，贯彻落实"立德树人"根本任务，实现全过程育人综合教育理念的创新举措（吴晨映，2020；刘正光，岳曼曼，2020；吉强等，2020）。教育部长陈宝生（2018）在全国教书育人楷模座谈会上指出，教师要能担当起立德树人的责任，必须精通"五术"：道术、学术、技术、艺术、仁术。这"五术"实际上是将教师的育人能力与专业能力融为一个有机的整体，以实现思政无痕、润物细无声的课程思政目标（刘正光，岳曼曼，2020）。当今社会价值多元化、利益诉求多样化的背景下，专业课教学也需要深入挖掘课程中的思想政治教育资源，发挥学科优势，将更多的学科资源转化为育人资源（吴晨映，2020）。但当前高校教师提升课程思政育人能力在育人素养、育人意识、教学能力、育人机制等方面还面临不少挑战（蒋占峰，刘宁，2022）。例如当前高校党组织育人工作面临育人作用发挥不充分、制度执行不到位、育人方式简单和党务工作者育人能力相对不足等问题（王帅，2018）。而构建全课程育人的高校思想政治教育大格局，前提是加强教学管理的顶层设计，核心是建立"一体两

翼"的课程体系，关键是提升教师的育人意识和育人能力（王瑞，2019），我们需要从提升教师课程思政育人素养、深化课程思政育人意识、增强课程思政教学能力、健全课程思政建设支撑体系等方面提升高校教师课程思政育人能力（蒋占峰，刘宁，2022）。

（一）课程思政的背景与内涵

2014年提出"课程思政"至今已八年，学术界对"课程思政"的概念所指认识不一，存在"课程类型说""教育理念说""思政方法说""教学体系说""实践活动说"和"多重属性说"等观点（唐德海等，2020），推出了诸如课程思政教改项目、示范课程、教学竞赛、教材建设等课程思政体系建设措施（彭立威，施晓蓉，2022）。

表 1-4　2017—2020 年课程思政相关的主要文件政策

发布时间	发布部门/人	文件名称	主要内容
2017年	教育部	《高校思想政治工作质量提升工程实施纲要》	详细规划了课程、科研、实践、文化、网络、心理等"十大育人"一体化育人体系
2018年	教育部	《关于加快建设高水平本科教育全面提高人才培养能力的意见》	强化课程思政和专业思政建设。着力推动高校课程思政建设，科学合理设计思想政治教育内容
2019年	中共中央办公厅等	《关于深化新时代学校思想政治理论课改革创新的若干意见》	整体推进高校课程思政，使各类课程与思政课同向同行，形成协同效应
2019年	教育部	《关于深化本科教育教学改革全面提高人才培养质量的意见》	引领带动全员全过程全方位育人
2020年	教育部高等教育司	《教育部高等教育司 2020 工作要点》	全面推进课程思政建设。选树一批课程思政先行高校，课程思政建设典型
2020年	教育部	《高等学校课程思政建设指导纲要》	课程思政建设要在全国所有高校、所有学科专业全面推进

课程是高校人才培养的核心要素，课堂是学生获取知识的重要渠道，教师是学生成长的关键所在（楚国清，2022）。课程思政最本质的内涵就是以课程为基础，遵循知识传授规律，彰显思政价值引领，充分发挥课堂主渠道作用，大力提高新时代人才培养质量（韩宪洲，2021），其核心要义是解决学生的价值观念、理想信念问题，关乎学生的灵魂建设和思想建设（陈中，

王蕊，2022）。推进实施课程思政建设，其根本目的是实现知识传授与价值引领的相统一（蒋占峰，刘宁，2022）。李瑞琴（2022）提出对课程思政的基本认识：育"智"是育"志"的重要基石，育"志"是育"智"的最终目标。饶明晓（2022）认为"课程思政"是一种思维方式。高校课程思政具有开放性、协同性、显隐性、针对性的基本特征（刘建平等，2020），具有内核吸引规律、外力推进规律、媒介传播规律、互振共鸣规律、互动共进规律等基本规律（刘建平等，2020）。"课程思政"的目的在于实践性、活动性、主动性、参与性、情感性、体验性，在此过程中侧重学生的情感体验和行为锻炼（饶明晓，2022）。

课程思政的提出与实施，既是课程观念的转变，又是教育理念的改变（王方等，2023）。课程思政是对新时代中国特色社会主义教育理论体系的生动实践，是新时代我国高等教育发展的理念创新、实践创新、制度创新、文化创新（韩宪洲，2021）。但需要注意的是，课程育人是一项系统复杂的工程，我们需要在讲授专业知识的过程中谈思想、说素养、讲故事，以培养学生的综合能力，从而实现对学生价值观的塑造（李瑞琴，2022）。所以，"课程思政"不是一门独立的课程，而是要将思政元素融入教育教学的各个环节，发挥教书育人协同效应（饶明晓，2022）。例如：体育专业课程所蕴含的"体育人文精神""公平竞争精神""团队协作精神""中华体育精神""女排精神""北京冬奥精神"等思政元素，正是体育院校开展课程思政建设的天然"聚宝盆"，这也是其他学科难以比拟的天然优势（吕钶，邢方元，2022）。艺术专业领域中的思政资源挖掘，将我国悠久历史发展过程中所涌现的大量反映时代特征的工艺美术、建筑、雕塑、音乐舞蹈等优秀艺术作品进行呈现、讲授，强化对学生爱国主义精神和民族自豪感的培养（赵文，2022）。张宏（2020）则将社会主义核心价值观中蕴含的思政元素进行了挖掘和梳理（如表1-5所示）。

表1-5 "思政元素"表（张宏，2020）

社会主义核心价值观	思政元素
富强	物质现代化、科学技术现代化、共同富裕、生产力标准、勤劳致富、综合国力、基本国情、中国梦等
民主	制度现代化、生存权、发展权、言论自由、宗教信仰、自由宽容、协商、人民民主专政人民代表大会制度、中国共产党领导的多党合作制度、民族区域自治制度、基层民主制度等

续表

社会主义核心价值观	思政元素
文明	人的现代化、以人为本、物质文明、精神文明、政治文明、社会文明、生态文明、社会秩序、国家软实力、国民素质、科学精神、人文精神、工匠精神、公序良俗、优秀传统文化、社会风尚等
和谐	真善美、和而不同、以和为贵、依道而和等
自由	集体主义、人的自由全面发展、意志自由、行动自由等
平等	社会平等、人格平等、众生平等、权利平等、公平正义、经济平等、政治平等、文化平等、机会平等等
公正	起点公正、过程公正、结果公正、程序公正、社会公正等
法治	依法治国、以德治国、权利意识、责任意识、纪律意识等
爱国	爱祖国、爱人民、爱家乡、爱学校、道路自信、理论自信、制度自信、文化自信、政治意识、大局意识、核心意识、看齐意识、民族精神、时代精神等
敬业	热爱劳动、热爱工作、热爱岗位、职业道德等
诚信	守信、说老实话、办老实事、做老实人、谦逊、社会公德、家庭美德等
友善	包容、协作、团结、尊重、和气、宽厚、推己及人、己所不欲，勿施于人等

今天的学校教育要思考一个深刻的问题：什么是面向未来最有价值的知识？这是教师这一职业的基本问题。这些"知识"可能是对未来人类所应具有的存在方式的重新设计，是对人类更好生活的秩序界定，包括建立在诚信基础上的公平、在理性基础上的善良、在主动基础上的负责……这些品质不是直接的知识，但能让知识变得更有价值，让人能判断知识与技能的使用范围，能分辨什么样的知识与技能最有价值，哪些能用，哪些不能用，哪些是人类必须永远持有的，哪些是必须辐射到全部生命体系的。人类的一切伦理规范与秩序，是教育的基础内容，伦理应作为学校关键的学习内容，渗透于每一门课程中，这都需要教师对这些有深刻的意识、洞察与理解，并有很好的胜任力将之有效传递到学生心田（高国希，2020）。这样教师才能够推动课堂教学的"转型""转向"与"改变"——从"教书"走向"育人"，从"知识传递"走向"生命价值的挖掘与提升"（李政涛，2019）。

关于"课程思政"的内涵与本质，我们将部分知名学者的观点进行梳理，形成下表，（见表1-6），旨在提供思考与启发。

表 1-6 关于课程思政的内涵与本质相关文献梳理

是什么：课程思政的内涵与本质			
作者	重要观点	工具与模型	思考与启发
李蕉,方霁（2021）课程思政中的"思政"：内核、路径与意蕴	●课程思政中的"思政"以知识传授为内核 ●课程思政中的"思政"以能力培养为路径 ●课程思政中的"思政"贵在彰显价值塑造之意蕴	知识传授、能力培养、价值塑造"三位一体"	■课程思政的核心是育人，落脚点在树人上
唐德海等（2020）"课程思政"三问：本质、界域和实践	●"课程思政"的本质和内核是立德树人，而其要义在于育人与育才的齐头并进和辩证统一 ●哲学社会科学课程：坚定马克思主义的立场、观点和方法，坚持对于中国特色社会主义的道路自信、理论自信、制度自信和文化自信 ●自然科学课程：马克思主义哲学原理的科学思维，探索科学、追求真理的科学精神，热爱祖国、服务人民的伟大情怀，运用科学造福人类而不是毁灭人类的科学伦理	育人和育才协同效应	■哲学社会科学课程和自然科学课程在课程思政的侧重点上会有所区别
程德慧（2019）产教融合视域下高职院校"课程思政"改革的探索与实践	●行业职业道德规范和标准；爱岗敬业、团结协作的职业态度；精益求精、追求卓越的职业精神；追求质量、服务至上、讲求效率的职业品格 ●高度的事业心和责任感；过硬的心理素质、理性的批判思维，具备道德认知、道德情感体验、道德评价和道德行为能力	知、情、意、行相统一	■形成课程思政的专业特色化 ■健康的心理素质＋批判性思维
胡洪彬（2018）课程思政：从理论基础到制度构建	●马克思主义经典作家有关人的全面发展理论为课程思政建设提供了目的性证明 ●课程文化发展理论为课程思政建设提供了本体性证明 ●有效教学理论为课程思政建设提供了发展性证明		■思政教育要有明确的理论来源、力量之基

续表

作者	重要观点	工具与模型	思考与启发
刘清生（2018）新时代高校教师"课程思政"能力的理性审视	●课程思政是一种课程观念、育人理念，以强化课程教学中思想政治教育和价值引领为核心 ●课程思政可以将家国情怀、社会责任、道德规范、法治意识、思维品质、科学精神、创新能力、人文精神等要素融入课堂教学 ●课程思政也可以将中国传统文化以及学校办学理念、校园文化、大学精神等内容有效融入课堂教学之中	理念强化＋内容融合＋创新方法＋提升素养	■可以结合学校的校训"学以致用"进行内涵丰富 ■结合我院的实际，可以考虑将"数据思维""美学思维"融入课程思政
肖香龙等（2018）"大思政"格局下课程思政的探索与实践	●课程思政的内涵包括课程中蕴含的爱国情怀、社会责任、文化自信、人文精神等价值范式，使学生在认知、情感和行为方面有正确的方向 ●"课程思政"的魅力在于德行的魅力、人文素养的魅力以及价值引领的魅力	发展理念（内涵式发展）＋平台建设（五个一平台）＋机制建设（可持续发展）	■可以考虑将"心理素质"融入课程思政 ■可以考虑将"讲好管院故事"融入课程思政
邱仁富（2018）"课程思政"与"思政课程"同向同行的理论阐释	●"课程思政"与"思政课程"要同向同行 ●同向：政治方向的一致性问题，育人方向的一致性问题，文化认同的统一性问题 ●同行：步调一致、相互补充、相互促进、共享发展	同向同行	■思政课程指导课程思政发展，协同挖掘
高德毅（2017）从战略高度构建高校思想政治教育课程体系	●显性教育：思想政治理论课（形势与政策、毛中特）；引领，系统开展马克思主义理论教育教学 ●隐性教育：综合素养课程（通识教育课、公共基础课）；浸润，在培育人的综合素养过程中铸牢理想信念 ●隐性教育：专业教育课程（哲学社会科学课程、自然科学课程）。深化（哲学社会科学课程）：凸显哲学社会科学的社会主义意识形态功能。拓展（自然科学课程）：注重科学思维和职业素养教育	显性教育＋隐性教育引领＋浸润＋深化＋拓展	■注重专业课程的隐性教育功能 ■对专业课程进行深化和拓展

续表

作者	重要观点	工具与模型	思考与启发
张勇等（2018）生态环境类专业的课程思政——以"环境问题观察"MOOC建设为例	●结合环境保护、绿色发展、生态文明等理念，深入挖掘总结课程体系中的"绿色、共享、生态、环保、敬业"等与社会主义核心价值观相关的思想政治元素 ●富强、民主、文明、和谐、爱国、敬业、诚信、友善	"五位一体"总体布局＋社会主义核心价值观	■社会主义核心价值观思政元素
严交笋（2018）高职院校专业课程思政的实现策略	●哲学社会科学和人文学科专业类课程"思政化"：唯物主义的历史观、发展观以及传统伦理道德、社会主义核心价值观等层面 ●理工类专业课程"思政化"：人文的情怀、人性的光辉、人本的立场、匠人精神、匠人情怀、人文关怀	哲学社会科学和人文学科＋理工类学科	■学校的课程需要进行有区别的思政教育

（二）课程思政育人的理论逻辑

课程思政或课程的价值教育作用，其根本意义不是发明出了教育的一种"新形态"或"新模式"，而是探讨课程的育人本质以及如何回归（高国希，2020）。"课程思政"之所以被提出主要源于以下四个方面的动因：第一，思想政治理论课与其他各门课程在培养目标与培养对象的维度上是具有高度一致性的；第二，思想政治理论课与其他各门课程虽然在具体内容上存在一些差别，但是这些差别并不影响两者在知识与价值维度上的统一；第三，深度与广度的统一（杨国斌，龙明忠，2019）。王英龙和李红霞（2021）对山东省本科高校10292名教师进行问卷调查研究，发现课程思政理念对立德树人成效有显著的正向影响，课程思政建设在课程思政理念和立德树人成效间起部分中介作用，课堂设计和教学方式在课程思政建设和立德树人成效间分别起正向和负向调节作用。讲授专业知识和做好课程思政，不仅不是互相矛盾的，而且是相互促进、相得益彰的（李瑞琴，2022）。课程思政作为落实立德树人根本任务的重要举措，是近年高校教育教学改革的热点。各高校围绕课程思政的实现路径、开发设计、教学方法与资源建设进行了广泛的探讨和实践，取得了宝贵成果和有借鉴意义的经验，但在课程思政建设过程中存在着内涵认识不清、方法路径不明、体制建设不全等问题，偏离了课程思政建设的初衷（楚国清，2022）。汤苗苗和董美娟（2020）提出当前高校课程思政建设中存在部分任课教师对思政育人认知不足、部分课程对思政元素的挖掘不够充分、课堂教学效果差强人意、考核评价制度缺失等问题亟待解决。单德伟等（2022）认为现阶段课程思政尚存理论化、形式化、功利化倾向，学生参与积极性不高，教学对象和内容不同以往等问题。课程思政建设还面临着诸多问题，包括思想观念认识不到位（育人情怀"薄"、思维观念"旧"）、教学能力不充分（思政元素挖掘"浅"、融入方式"粗"、话语运用"弱"）、育人机制不健全（评价机制不合理、协调机制不统一、激励机制不健全）等（崔正贤，马万利，2022）。张丽和丁德智（2022）认为部分教师存在认识不足、建设能力需要提升、评价标准单一、思政元素与专业教学未充分融合等问题。谢幼如等（2022）提出高校课程思政实施与评价存在三个现实困境：1. 专业教学和思政育人"两张皮"犹存；2. 课程思政实施进路尚未明晰；3. 课程思政评价方法尚未完善。现阶段课程思政尚未形成全员全课程高质量的格局（苏宏元，黄晓曦，2018）。

  从课程思政的具体实践来看，尽管大多数教师对课程思政的认知有了很大提升，但仍存在对专业知识讲授和课程思政相互关系认识不清、抓不准有效实施课程思政关键点等问题（李瑞琴，2022）。例如"新工科"专业部分教师对课程思政的理解存在偏差，没有充分认识到课程本身所蕴含的人文关怀与价值意蕴或没有深度挖掘思政元素并有机融入课程（苏宏元，黄晓曦，2018），导致专业教育和思政教育部分出现"硬融入""表面化""两张皮"等问题，从而在一定程度上弱化了课程的德育效果（彭立威，施晓蓉，2022）。当前高校课程思政协同育人也存在着重思政课程轻专业课程、重知识传授轻价值引领、重外在形式轻内在协同等困境（张宏，2020）。目前不少课堂仍在使用"从公式中来，到公式中去"的教学方法（于歆杰，朱桂萍，2021），很少去讲知识的价值，导致学生在学习一门知识时不能感受到这门知识的意义（李蕉，方霁，2021），在实践中存在着专业课程的"标签化"、学生学习的"浅表化"、社会实践的"痕迹化"等问题倾向（吕钶，邢方元，2022）。很明显，只有充分认识到所学知识对于国家、民族的意义，学生才能在学习过程中逐步培养起一种通过学习报效国家的使命感（李蕉，方霁，2022）。这些问题使得课程思政第一课堂与第二课堂、第三课堂的协同育人成效还不显著（张丽，丁德智，2022）。

　　作为课程思政育人的对象，大学生有着特定的群体特性：思维品质尚处于塑造中，易受负面文化思潮的侵蚀（王英龙，李红霞，2021）。大学生思想活跃，吸收新鲜事物快，创新欲望强烈，情感培养与价值塑造易受外界影响，在个人理想与现实问题发生冲突时往往迷惘无措（李琦，2021）。当前学生所处的思想环境充满挑战，面临着思想意识多样化、价值追求物欲化、舆情汇聚网络化、社会思潮聚集化等复杂问题（崔正贤，马万利，2022）。从原生家庭来看，很多高职学生家庭属于弱势群体，父母不懂教育；或是来自特殊家庭，在成长的道路上缺失教育。从行为习惯来看，很多学生吸烟、喝酒、自控较差，常常沉迷游戏无法自拔。从学习状态来看，很多学生渴望成功，但是自信心不足，课堂玩手机、睡觉、纪律松散，自主学习能力较弱（饶明晓，2022）。大学阶段是学生迈入社会的重要过渡期，是决定学生将来在社会上是否能够安身立命的重要准备期，所以，在大学这一阶段，学生不仅需要增加知识储备，同时也需要培养人格、塑造品性和培育公共精神（杨国斌，龙明忠，2019）。但我们应该看到新时代大学生思维活跃、视野开阔、涉猎广泛、心理早熟、价值观趋稳，对各种社会现象的理解多元深刻，具有较强的自主学习探究能力和主动参与课程思政的意愿（单德伟等，2022）。而课程思政，能够改变学生的认知能力和方法，以及对世界的真实看法（高国希，2020）。

　　关于"课程思政"的必要性和价值性，我们将部分知名学者的观点进行梳理，形成下表，（见表1-7），旨在提供思考与启发。

表1-7　关于课程思政的必要性和价值性相关文献梳理

为什么：课程思政的必要性和价值性			
作者	重要观点	工具与模型	思考与启发
李蕉,方霁（2022）高校课程思政体系化建设的路径探析	● 对课程思政历史方位的误判，导致"局部"而非"全面"地理解目标 ● 对课程思政理论概念的误读，导致"浅层"而非"深入"地开展创新 ● 对课程思政实践定位的误区，导致"孤立"而非"联动"地建设课程	协同创新	■ 课程思政需要注重对价值和内涵的澄清

续表

作者	重要观点	工具与模型	思考与启发
王英龙，李红霞（2021）课程思政对立德树人成效的影响研究	●课程思政理念对立德树人成效有显著的正向影响，对课程思政越认可的教师，其立德树人成效越好 ●课程思政建设在课程思政理念和立德树人成效间起部分中介作用，从而进一步提升立德树人成效	实验法	■课程思政是实现立德树人的重要创新举措
朱强等（2019）财务管理专业"课程思政"的理论认识与实践路径	●财务管理专业"课程思政"是促进新时代本科教育发展的基本要求 ●财务管理专业"课程思政"改善财务管理专业思想政治教育的现实需要 ●财务管理专业"课程思政"改革财务管理专业教学的内在要求	基本要求＋现实需要＋内在要求	■课程思政的内在需求是重点
程德慧（2019）产教融合视域下高职院校"课程思政"改革的探索与实践	●高职院校"课程思政"建设的"一个关键"在于教师（理论教育＋实践研修） ●高职院校"课程思政"改革要抓好"两个重点"（试点＋角色定位） ●高职院校"课程思政"改革要做好"三个凝练"（目标＋元素＋方法） ●高职院校"课程思政"改革要突出"四个特色"（价值引领＋工匠精神＋文化融合＋全方位育人）	一个关键＋两个重点＋三个凝练＋四个特色	■价值引领，找到专业的底色和特色
刘隽等（2019）高校"课程思政"改革背景下师生互动对于学生自我收获感与满意度的影响机理——基于结构方程模型的实证分析	●师生互动能对学生的综合能力、思想观念、价值取向和精神风貌起到积极的促进作用 ●师生互动有助于挖掘教学各环节的精神内涵资源，把学科资源、学术资源提升为育人资源 ●师生互动促使学生积极地去填补空白、解释、判断、创制和生成原有思想认知的空白，体悟到为人的品格、品行和品位，获得收益	师生互动	■课程思政有效的师生互动是重要的

续表

作者	重要观点	工具与模型	思考与启发
沙军（2018）"课程思政"的版本升级与系统化思考	● 挖掘综合素养课程和专业课程思政教育元素，则具有隐性的思政教育功能 ● "课程思政"充分体现了各类课程参与思政教育、共同实现思政教育功能的教育理念	整合思维＋重组思维＋突破固定概念＋手段创新	■ 课程思政具有隐性的思政教育功能
伍醒等（2019）"课程思政"理念的历史逻辑、制度诉求与行动路向	● "课程思政"体现出我国大学课程坚持"立德树人"的主体性表达，实际上关涉大学培养什么人、为谁培养人的根本问题，是对课程价值问题中国化的阐释	个人价值＋社会价值	■ 个人价值和社会价值为导向
邱仁富（2018）"课程思政"与"思政课程"同向同行的理论阐释	● "思政课程"的边界在某种程度上影响了其育人功能的发挥，这就需要"课程思政"来补充	育人协同＋互为补充	■ 课程思政能对思政教育进行补充，技能达成目标不发生变化
梅强（2018）以点引线，以线带面——高校两类全覆盖课程思政探索与实践	● "课程思政"是将高校思想政治教育融入课程教学和改革的各环节、各方面，实现立德树人润物无声 ● "课程思政"是围绕"知识传授与价值引领相结合"的课程目标，强化显性思政，细化隐性思政，实现思政寓课程，课程融思政	以点引线＋以线带面	■ 知识传授与价值引领、能力培养与价值引领
严交笋（2018）高职院校专业课程思政的实现策略	● 没有好的"思政"教育功能，课程教学就会失去"灵魂"，从而导致课程教学中知识传授、能力培养与价值引领之间的割裂甚至冲突	现实冲突	■ 知识传授与价值引领、能力培养与价值引领

（三）课程思政育人的实践路径

课程思政是一种兼具综合性和全面性的教育理念（彭立威，施晓蓉，2022）。课程思政建设涉及理念、内容、方法、主体等要素，也关涉意识、能力、策略、机制等因素，是一项具有全局性、总体性、集成性、系统性、协调性的宏大工程（李琦，2021）；不仅需要广大教师的参与，也要有相关的制度、机制作保障（楚国清，2022）。课程思政建设需要避免的两个误区是：一是"课程思政"并不是要把所有的课程都改造成思政课教学模式，而是要与思政课团队一起"大合唱"，在专业课教学中奏响"主旋律"（饶明晓，2022）；二是不是每节课都要搞思政元素的融入，而是要遵循恰如其分、自然而然的原则（李瑞琴，2022）。因此，需要从"知、情、意"三个方面着手，提高课程思政教师的思想认识（崔正贤，马万利，2022）。落实课程思政需要以知识传授为内核，以能力培养为路径，并最终彰显价值塑造之意蕴，且三者贵在"一体"（李蕉，方霁，2021）。彭立威和施晓蓉（2022）提出"四全覆盖"课程思政模式：首先强调对学科体系的全覆盖，即覆盖全部学科专业建设与人才培养计划，其起着纲领性作用；其次强调对全部课程课堂教学的全覆盖，这是人才培养与课程思政实施的主渠道；再次是覆盖全部教材体系，这是课程思政实施的重要载体；最后是覆盖全部专任教师，这是课程思政的实施主体，体现了以人为本的管理维度特征。韩职阳和曹洪军（2022）将由社会化、外显化、组合化和内隐化等四个知识转化模式组成的"SECI"模型运用于高校思政课教师育人能力提升路径的研究，形成结论：创设思政课教师隐性知识共享情境；创新思政课教师话语表达方式；搭建理论知识网络共享平台；持续推进课程实践教学过程反思。

全面推进课程思政建设，教师是关键，前提是教师的言传身教（单德伟等，2022）。浇花浇根、育人育心（崔正贤，马万利，2022）。陶行知先生的教育理念倡导教师应该"以情动人，以行带人，以智教人，以德育人"，这是作为一位好教师的基本素养（石坚，王欣，2020），应当从晓之以理（知）、动之以情（情）和导之以行（行）三个方面，促进学生形成所预期的态度和价值观，达成育人育才的目标（刘儒德等，2022）。因此，"掌好舵—划好桨—建好库—传好经"是做好课程思政的关键要素（李瑞琴，2022）。课程思政具体该如何建设和实施，王英龙（2021）探索了"六结合""三融入"课程思政教学模式。吕钶和邢方元（2022）在课程思政建设中总结出"教＋研＋训＋推＋用"的一体化建设模式。楚国清（2022）从课程思政理论研究、课程建设、教师培育、课堂改革、体系建设等方面构建了立体化教师课程思政能力提升模式、一体化课程思政设计模式、多元化课程思政课堂教学模式、系统化课程思政工作体系。北京科技大学搭建了公开课思政、学科思政讲坛、课堂思政"三个层次"的"课程思政"育人体系（于成文，

2021）。当前的课程思政建设仍需在"体系化"上下功夫。首先需厘清对于课程思政历史方位、理论概念与实践定位的误区，加强对其体系化的认识；其次要在学校、院系、部处各层面协同构建促使课程思政体系化的制度；最后要使其落实到教师体系化的课程创新（李蕉，方雯，2022）。综合相关学者的研究，我们从以下几个方面进行了梳理和归纳。

1. 课程思政育人资源怎么挖

高校应构建在内容上包括政治认同、家国情怀、法治意识、人文精神，在层次上兼具个人素质、职业素养、创新意识和国家精神，在结构上高低结合、远近适中、大小相济的思政体系（杨国栋，马晓雪，2022）。

当前工科院校尚存在专业知识讲授和思政育人部分脱节、课程思政"硬融入"与"表面化"等问题（彭立威，施晓蓉，2022）。由于工科院校往往偏重于专业素养与技能培养，易忽视专业教育中的思政教育元素挖掘，导致课程思政在一定程度上存在"硬融入"与"表面化"的现象（韩宪洲，2021）。"新工科"建设背景下，培养德才兼备、以德为先的多元化、创新型卓越工程人才，是工科院校的根本任务（彭立威，施晓蓉，2022）。"新工科"的课程思政应当突出专业课程教学的育人导向，遵循"引大道"和"启大智"两个原则（彭立威，施晓蓉，2022）。结合专业特点和课程特点挖掘和提炼科学精神、工匠精神、工程伦理、社会责任、家国情怀、团队合作等思政元素（彭立威，施晓蓉，2022）。工学类专业课程，要注重强化学生工程伦理教育，培养学生精益求精的大国工匠精神，激发学生科技报国的家国情怀和使命担当。医学类专业课程，要在课程教学中注重加强医德医风教育，着力培养学生"敬佑生命、救死扶伤、甘于奉献、大爱无疆"的医者精神（郭雨蓉，2020）。理工类专业课程应在深度交叉融合基础上，利用智能技术实施数据的融合分析和洞察表征，促进学生科学思维、工程伦理、大国工匠精神、家国情怀和使命担当等（谢幼如等，2022）。

"新文科"是反映、呈现和包含中国经验、中国材料、中国数据的文科（杨国栋，马晓雪，2022）。人文社会科学发展的使命是充分发挥知识变革和思想在人类文明进步、社会发展中的先导作用（杨国栋，马晓雪，2022）。因此，文史哲类专业课程的思政育人元素挖掘应凸显人文背景，人机协同共学共教共育，促进学生领悟马克思主义世界观和方法论、习近平新时代中国特色社会主义思想等。经管法类专业课程应兼具国际视野与爱国情怀，充分利用数据的连接属性和智能技术的功能作用，动态抓取专业和行业领域的时政热点，促进学生掌握相关国家战略、法律法规和政策、职业素养等（谢幼如等，2022）。以国际经济学课程思政实践为例，李瑞琴（2022）提出课程思政元素的挖掘路径：

第一，从学科和专业的发展中挖掘思政元素。

第二，从对世界和中国开放历史和现实的对比中挖掘思政元素。

第三，从中国对外开放的伟大实践中挖掘思政元素。

第四，从学生未来的职业发展要求和准则中挖掘思政元素。

第五，从学生的身边人和身边事挖掘思政元素。

综合来看，课程思政育人资源的挖掘可以从五个层面着手：学生层面，注意关注其所接受的不同课程知识单元间的价值互通和冲突；教师层面，深度发掘个人经历、个性特征与时代发展的共振；课程层面，充分挖掘专业知识领域发展史中的思政元素，加强专业伦理教育，把握专业国内外发展趋势；学校层面，充分发挥学校特色，发掘校史、校风、校友教育资源；国家层面，积极引入国家精神、时代精神，推介优秀传统文化，增强使命担当意识（杨国栋，马晓雪，2022）。

2. 课程思政育人元素如何教

课程中融入思政元素，要充分了解学生需求，立足课程学科特点，采用学生最偏好的形式（王方等，2023），从教师的思想素养和教学方法上着手，从学科、专业、课程的育人内涵上提升，从教与学的过程中潜移默化地达成，从有效的育人效果评价机制来促进（石坚，王欣，2020）。如采用悬念导入法和回应式结尾时，学生课堂反应相对较好。开展课程思政工作时，教师可多采用悬念导入＋回应式结尾方式教学，以便更好融入"思政元素"，提高学生上课积极性（王方等，2023）。混合式教学模式拓展了课程思政价值品德引领的途径和方式（李文洁，王晓芳，2021）。面对时间不足等硬性问题，教师可灵活采用线上＋线下的教学方式，通过线上开展第二课堂解决线下课堂未处理的问题（王方等，2023）。综上，针对不同学科领域教师面临的具体问题，可以按学科聚类、课程聚类、知识点聚类的思路，开展针对性课程思政教学能力提升培训工作（王方等，2023）。

高校教师常用课程思政方法包括"四类引入方法"（悬念导入法、诱思导入法、类比导入法、实例导入法）和"五类结尾方法"（回应式结尾、迁移性结尾、推测式结尾、延伸式结尾、悬念式结尾）（王方等，2023）。研究显示，人文与社会科学类教师采取推测式结尾的占比最少、理工科类教师采取悬念式结尾的占比最少。不同教学方法的课堂效果不同，采用悬念导入法、回应式结尾最有利于活跃课堂气氛（王方等，2023）。因此，人文与社会科学类教师应注重对悬念导入法和回应式结尾教学方法培训、理工科类教师应注重对悬念导入法和悬念式结尾教学方法培训（王方等，2023）。

与此同时，推动课程思政与知识传授有机融合，要构建多层次的"知识树元素库"体系，探索多种方式的"话语知识"融合途径，健全多支柱"教学研究"互促机制（杨国栋，马晓雪，2022）。例如新文科视域下课程思政与知识传授有机融合的实现路径（杨国栋，马晓雪，2022）：

一是构建整体性的"学科专业课程"知识网络。系统梳理专业领域的知识谱系，兼顾工具性知识、伦理性知识和实践性知识。

二是建立体系化的"点线面"思政元素架构。"点"面向具体的知识单元和现实问题；"线"关注历史脉络和叙事线索；"面"则强调价值的不同领域及相互关联。

三是打通"专业特色通识"教育区隔。高校要注重思政育人、特色教育育人、通识教育育人、美育育人和学科课程建设的结合。

再例如高职涉农专业如何用活思政元素，提升育人效力？邱秋云（2020）认为农业职业教育发挥着重要的"扶智"和"扶志"作用。涉农高职院校应引导学生顺应时代发展要求，正确认识时代责任和历史使命，立志强农兴农，积极投身于脱贫攻坚的实践中，争做担当乡村振兴大任的时代新人。邱秋云（2020）提出如下具体的路径：

一是用活农业行业励志素材，抒发学生的家国情怀。

二是用活农耕文化的经典故事，提高学生对"三农"的思想认识。

三是用活农业农村的发展成就，坚定学生服务"三农"的信念。

四是用活课程教学的实践素材，提高学生解决"三农"问题的能力。

在数字化和信息化的时代，高校课程思政的推进与实施，正在从专业课和思政课同向同行、交叉融合的 1.0 阶段，转向思政元素引领专业内容重构、智能技术赋能育人育才提质增效的 2.0 阶段（谢幼如等，2022）。数字化转型对教育所具有的减负、提质、增效功能作用逐步展现；教育数字化转型不仅是数字化转型在教育领域的"常规动作"，而且更多是反映出社会人才需求变化对教育系统全面、彻底转型和升级的倒逼,教育数字化转型是支撑高质量教育体系的必由之路(谢幼如等,2022)。当然,任何课程的建设都离不开相应的具体学科的理论支撑(杨国斌,龙明忠,2019);应当以课程与教学理论为指导,探索"专思"深度融合,数智流转贯通,构建"专业—课程—课堂"自上而下逐层推进、"课堂数据集—课程画像链—专业能力栈"自下而上动态规划的数字化转型赋能高校课程思政"双向联通"实施模式,形成"专思融通"的课程路径和"问题导向"的课堂路径;以课程评价理论为指导,体现人机协同基本思想,发挥数据要素作用,构建高校课程思政人机协同诊改评价模型,形成"四维多模"的高校课程思政评价数据采集框架(谢幼如等,2022)。

3. 课程思政育人效果如何评

"课程思政"的另一个难点在于如何建立一套完整的课程评价体系(石坚,王欣,2020)。随着高校改革实践由"点"上探索至"面"上普及,其科学化评价问题已然成为阻碍改革建设机制长效化的重要因素(于成文,2021)。多年来在实践过程中形成的以人的主观经验为起点的传统评价方式在课程思政评价中具有一定局限,评价工作大多掺杂评价主体的主观想象和经验判断,很难保证评价的客观性,需要转向伴随式数据采集为主的评价(谢幼如等,2022)。构建科学有效的课程思政评价体系具有重要意义:(1)推进课程思政全面实施的保障措施;(2)检验课程思政教学质量的衡量标准;(3)提升课程思政育人成效的反馈机制(王岳喜,2020)。崔正贤和马万利(2022)结合课程思政特点,从"俗、新、润、实、专、效"六维度展开构建课程思政效果评价体系。其中"俗"是指思政语言是否通俗易懂。"新"是指思政元素呈现能否结合时事之新、理论之新、教法之新。"润"是指思政元素与专业知识是否恰当融合,是否逻辑贯通。"实"是指专业课程中的思政内容是否具体,教师的思政功底是否扎实。"专"是指教师是否以专业课知识为材料挖掘思政元素。"效"是指通过课程思政工作学生的思政素养有无提高,能够将思政内容内化于心,外化于行。石坚和王欣(2020)从教师素养、课程设计、课程内涵提升与课程育人效果评价等方面对目前广泛讨论的"课程思政"提出了思考。

课程思政评价体系的构建要遵循量化评价和质性评价相结合、形成性评价和总结性评价相结合、诊断性评价和发展性评价相结合的构建原则(王岳喜，2020）；同时，要淡化评价的功利性因素，将重心放在育人效果层面，建立"教学—评价—反思—改进"的评价模式（崔正贤，马万利，2022）。逐步探索形成量化指标与主观描述性评价相结合、抽查抽检与长期跟踪评价相结合、结果性评价与过程性工作评价相结合、综合评价和增值评价相结合，科学合理的课程思政评价体系（崔正贤，马万利，2022）。另外，依托数据模型开展思政育人成效数字化评价亟待深入（谢幼如等，2022）。

4. 课程思政育人团队怎么建

教学团队在课程思政建设中又有其必要性：挖掘思政资源、发挥隐性思政作用、传承立德树人教育观念等，都需要集体智慧、团队力量。课程思政教学团队以增强成员的育人能力为教改要求，故而在人员构成上应有明确的选择标准（戴健，2020）。

课程思政的教学团队带头人需具备以下素质：首先是对事业热忱，热爱教学工作，有足够精力与时间投入教学中，对提升育人质量有执着而坚定的追求；其次是思想政治水平过硬，有高超的马克思主义理论水平及为社会主义建设事业育才的坚定信念，符合习近平"四有"好老师的要求。团队规模仍以10人左右为宜，构成上除考虑学科背景交叉、知识技能互补、年龄与职称形成梯度等因素外，还应该在"协作意愿"上做重点考察。因此，教学团队可以跨系、跨院甚至跨校组建，故而可以邀请高素质的思政理论课教师与专业课教师加入（戴健，2020）。

关于"课程思政"的实施路径、方法、策略，我们将部分知名学者的观点进行梳理，形成下表，（见表1-8），旨在提供思考与启发。

表1-8 关于课程思政的实施路径、方法、策略相关文献梳理

怎么做：课程思政的实施路径、方法、策略			
作者	重要观点	工具与模型	思考与启发
彭立威，施晓蓉（2022）"新工科"背景下课程思政建设"四全覆盖"模式的探索	●课程思政建设覆盖全部学科专业建设与人才培养计划（纲领性作用） ●课程思政建设覆盖全部课程使用教材（重要载体） ●课程思政建设覆盖全部课程课堂教学（主渠道） ●课程思政建设覆盖全部专任教师（实施主体）	"四全覆盖"模式	■课程思政建设需要系统的观念，需要统筹全局做好顶层设计

续表

作者	重要观点	工具与模型	思考与启发
王英龙（2021）"六结合""三融入"抓好课程思政教学模式创新	●坚持课程思政"六结合"，力求知识传授与价值引领相统一 ●创新课程思政"三融入"，推动综合素养和专业能力协同发展	"六结合""三融入"课程思政教学模式	■课程思政的落实需要有适合自身课程的实践模式
朱强等（2019）财务管理专业"课程思政"的理论认识与实践路径	●加强以专业导论课程教学为基础的理想信念教育 ●加强以专业主干课程教学为主线的道德品质教育 ●加强以实践教学体系为依托的团队合作教育	系统化＋阶梯化＋阵地化	■专业课程分类实现不同层次的思政目标
刘隽等（2019）高校"课程思政"改革背景下师生互动对于学生自我收获感与满意度的影响机理——基于结构方程模型的实证分析	●加强师生互伴，全方位提升师生互动感知 ●构建和谐师生关系，教师要成为学生学业与生活的导师 ●促进学生学习与发展支持，优化学生成长环境 ●提升学生成长收获感，惠及学生成长	结构方程模型＋AMOS 21.0＋李克特五分量表	■运用统计学的方法和模型进行思政学术化和数据化
肖香龙等（2018）"大思政"格局下课程思政的探索与实践	●从"实现高等教育内涵式发展"的理念对"课程思政"作整体设计和推进 ●从课程建设、教材建设、教学研讨、师资互通、教学评价等方面打造"五个一平台"，以点带面，推进课程思政的有效实施 ●从政策导向、制度建设、机制保障等方面协力推进课程思政建设，实现课程思政的持续发展	发展理念（内涵式发展）＋平台建设（五个一平台）＋机制建设（可持续发展）	■自上而下政策、自下而上对策；用团队资源精雕细琢
沙军（2018）"课程思政"的版本升级与系统化思考	●"三位一体"模式，思政课、素质课与专业课相结合，但这种结合应采取协同式的，即结合主次关系需要"版本升级" ●各门思政课之间、各门思政课与各门素质教育课之间、与各门专业课之间的协同化 ●教学方法和教学评价的系统化	协同化（不同组织、不同课程）＋系统化（教学方法、教学评价） 评价系统化（学生作品＋社团公益＋社会评价）	■课程思政的评价系统化，考虑"以结果为导向"

续表

作者	重要观点	工具与模型	思考与启发
伍醒等（2019）"课程思政"理念的历史逻辑、制度诉求与行动路向	●课程目标上，坚持"五育并举"：德智体美劳 ●课程内容上，将思政元素融入课程体系，将内隐的价值理念外化为师生教与学的行为表现 ●课程实施上系统设计与整体规划 ●课程评价上综合运用客观量化评价与主观效度检验，过程性评价与终结性评价等多样的评价方式	课程目标＋课程内容＋课程实施＋课程评价	■内隐的价值理念外化为师生教与学的行为表现
万林艳等（2018）"思政课程"与"课程思政"教学内容的同向同行	●"课程思政"的教学内容要学习经验归纳的科学方法 ●"课程思政"的教学内容要学习逻辑演绎的科学方法 ●"课程思政"的教学内容要有客观的评价机制，特别是同行评议	经验归纳＋逻辑演绎＋评价机制	■课程思政的评价机制是需要重点关注的，如何科学、合理落地
张勇等（2018）生态环境类专业的课程思政——以"环境问题观察"MOOC建设为例	●问题导向促兴趣，亲身实践出真知（问题导向实地观察＋实践） ●课程专业目标与德育目标结合（一线人员现身说法） ●互联网创新，推动精品课程共享（"互联网＋环境教育"新模式） ●线上线下谈学术，立德树人融课堂（QQ群、微信群、微信公众号） ●课堂内外相互结合，校园内外共同发展（校友＋社会资源）	问题导向＋一线说法＋互联网创新＋师生互动＋校内外共享	■充分利用互联网资源、优秀校友资源、社会资源
梅强（2018）以点引线，以线带面——高校两类全覆盖课程思政探索与实践	●结合教学内容、教学方法、教学模式改革，鼓励部分教师率先从点上突破 ●从课程教学大纲开始，在教案、教材、线上辅助学习资料等方面着手，全流程设置思政元素 ●强化课程思政资源建设，拓展"教室＋基地＋网络"的立体化教学载体，完善"讲课＋实践＋沙龙"的多元化教学模式	以点引线＋以线带面	■多模式、多阵地；不能仅仅停留在课堂

续表

作者	重要观点	工具与模型	思考与启发
严交笋（2018）高职院校专业课程思政的实现策略	●抓思维：确立专业课程思政的方法论 ●抓素质：提升育德意识与育德能力 ●抓融入：寻找专业课程与德育知识的"触点" ●抓管理：将育德作为教学质量的重要监测点	抓思维＋抓素质＋抓融入＋抓管理	■课程思政重点是需要抓什么？不应是全面抓

六、课程思政育人案例分享

【案例1】

数字化转型赋能高校课程思政的实施进路与评价创新（谢幼如等，2022）

（1）高校课程思政"专思融通"的课程路径

利用智能技术实现课程目标、内容、活动、评价和思政育人点、线、面、体的横向融合和纵向贯通，实现数字化转型赋能的专业教学与思政育人同向同行（谢幼如等，2022）。

图1-16 高校课程思政"专思融通"的课程路径（谢幼如等，2022）

（2）高校课程思政"问题导向"的课堂路径

强化问题意识，坚持以学生发展为中心，融合智能技术，开展教学设计与实施，赋能专业教学与思政育人达到预期目标（谢幼如等，2022）。

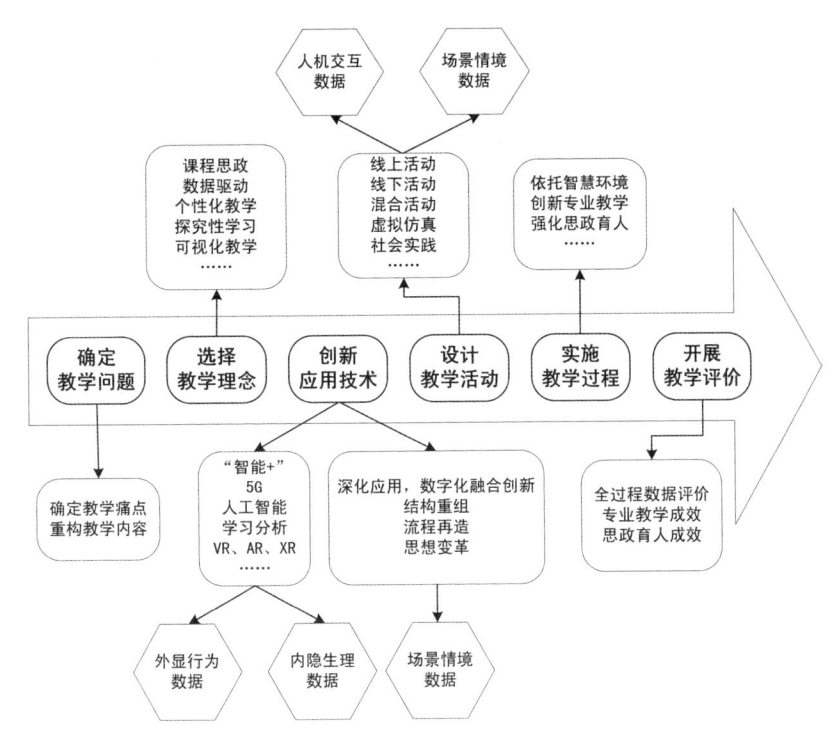

图 1-17 高校课程思政"问题导向"的课堂路径（谢幼如等，2022）

【案例 2】

混合教学赋能高校课程思政研究（李文洁，王晓芳，2021）

以地方应用型高校经管类本科专业大学英语（ESP）选修课《国际贸易实务》为例，探讨了混合教育赋能课程思政教育研究。

表 1-9 《国际贸易实务》课时安排（李文洁，王晓芳，2021）

单元（章）	课堂教学	在线教学	合计	思政元素
（一）贸易概述 Brief Introduction	4	4	8	中国贸易成就：道路自信、爱国敬业
（二）合同主体与标的 Name of Commodity	3	4	7	"Made in China"：专注品质、追求卓越
（三）货物运输与保险 Transportation and Insurance	4	6	10	冒险精神、创新发展
（四）价格核算 Price Accounting	6	6	12	遵纪守法

续表

单元（章）	学时 课堂教学	学时 在线教学	学时 合计	思政元素
（五）国际支付 International Payment	5	4	9	新技术、非常事件；创新精神
（六）交易磋商与签约 Negotiation and Conclusion of Contract	4	4	8	服务社会、敢于担当
（七）合同履行 Contract Performance	6	4	10	艰苦奋斗、诚实守信
合计	32	32	64	

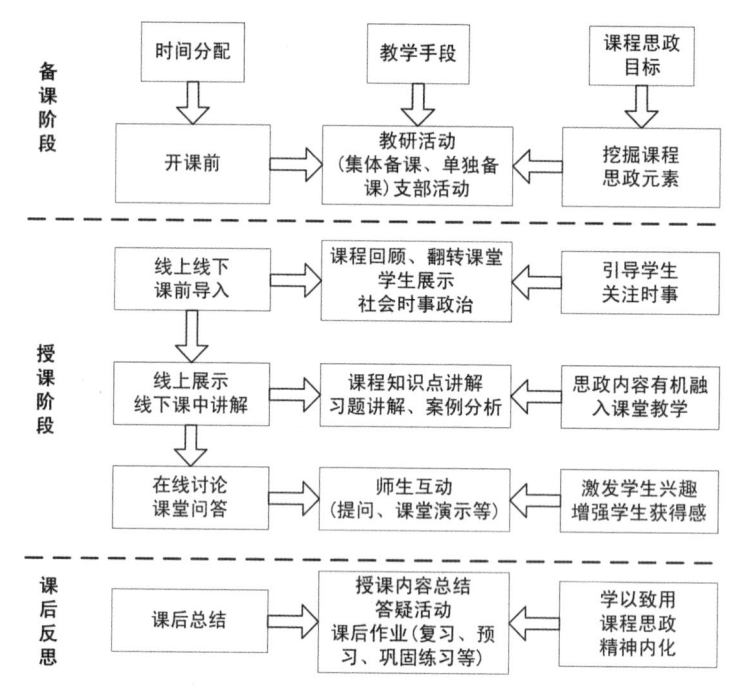

图 1-18 课程思政目标融入混合教学全过程（李文洁，王晓芳，2021）

【案例3】

"会计学"课程的课程思政设计研究（董必荣，张兴亮，2022）

经过深入研究、调查和考证，将"会计学"课程的思政内涵凝练为"实事求是、讲诚信、守规则"，这一内涵是由我国优秀传统文化、立德树人基本要求以及会计学课程特点决定的。

①诚信文化是中国优秀传统文化的重要元素；

②讲诚信、守规则是社会主义教育事业"立德树人"的基本要求；

③"实事求是、讲诚信、守规则"的思政内涵是"会计学"课程特色的充分体现。

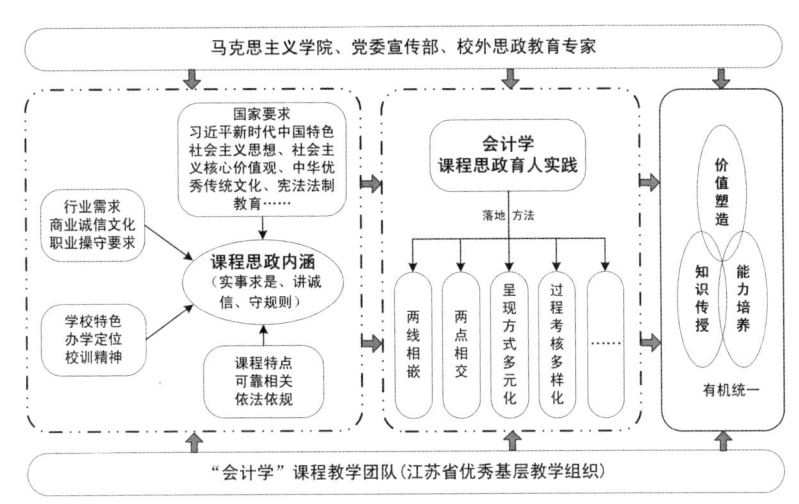

图 1-19 "会计学"课程思政总体框架图（董必荣，张兴亮，2022）

设置两条授课内容线条，一条是专业知识的"明线"，一条是课程思政的"暗线"，暗线有效嵌入明线，达到同向同行的效果。

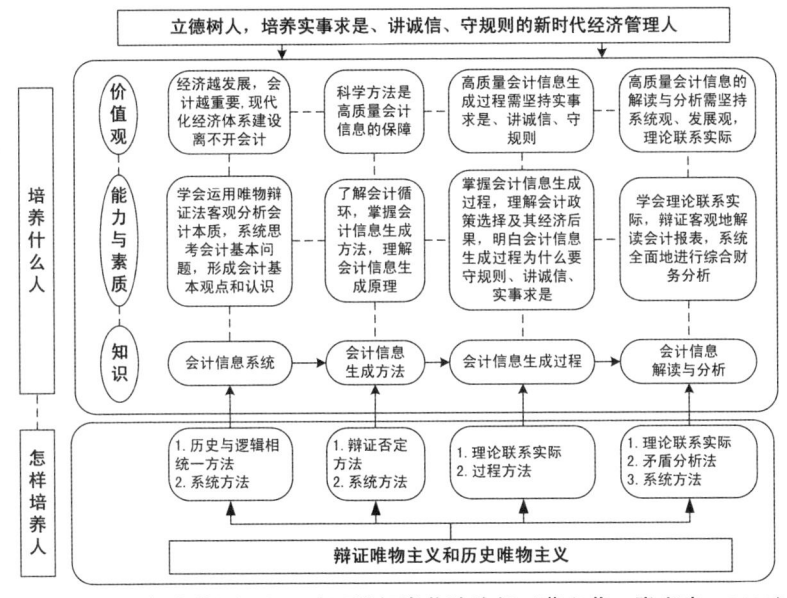

图 1-20 "会计学"课程思政两线相嵌落地路径（董必荣，张兴亮，2022）

表1-10 "会计学"课程思政"两点相交"矩阵（董必荣，张兴亮，2022）

篇章	主要知识点	思政融入点	思政元素	思政展现方式
第一篇 会计本质：一个信息系统	为什么要学会计？	会计与企业、会计与宏观经济发展、会计与"一带一路"倡议	爱国主义、制度自信、文化自信等	会计在我国著名企业"华为"中的作用案例、会计在我国改革开放40年来取得成就过程中的作用、会计与"一带一路"倡议的成功等案例
	会计从哪里来、往何处去？	古代会计阶段中国的地位和贡献、近代会计阶段山西晋商的"龙门账"	爱国主义、文化自信	史籍记载、国外第三方专家评述
	会计的本质是什么？	会计的职能	实事求是、讲诚信、守规则	《人民的名义》等影视资料
	哪些人需要会计信息？会计能够提供哪些信息？会计信息如何生成？如何保障会计信息质量？	会计信息生成过程的复杂性、会计信息质量、如何保障会计信息质量	实事求是、讲诚信、守规则	内容陈述、逻辑推理、影视资料、案例
	谁该对会计信息质量负责？（会计信息的法律责任）	中外财务造假处罚案例、有关法律责任相关法规条款解读分析	实事求是、讲诚信、守规则	安然事件、银广夏等中外财务造假处罚案例、影视资料、法律责任相关法规条款陈述
第二篇 会计循环：会计信息产生方法	会计科目、会计账户、借贷记账法、会计凭证、会计账簿、会计报表	会计凭证的真实性	守法意识、规则意识	虚假会计凭证的案件分析
		会计报表	实事求是、讲诚信、守规则	会计报表造假的案例分析、盈余管理相关学术论文解读
第三篇 会计核算：会计信息的产生过程	库存现金、银行存款、其他货币资金	银行存款的清查	诚信品格、法治意识	康美药业货币资金舞弊案例分析
	应收账款、应收票据、预付账款、其他应收款等	应收账款的产生	社会信任	设问：企业什么情况下才能获得商业信用
		坏账损失的转回	实事求是、守规则	*ST海马保壳案例分析
	原材料、库存商品、生产成本等存货	存货发出计价方法的变更	守规则、责任意识	泰康生物存货发出计价方法变更案例分析
		存货的减值	实事求是、诚信品格	獐子岛存货问题案例分析、视频

40

续表

篇章	主要知识点	思政融入点	思政元素	思政展现方式
第三篇 会计核算：会计信息的产生过程	交易性金融资产	公允价值计量的顺周期效应	坚持准则、具备会计后果观	美国2008年次贷危机讨论与分析
	固定资产、在建工程、累计折旧、固定资产清理	在建工程长期挂账和及时转固	守规则、实事求是	通裕重工在建工程转固定资产信息披露案例分析
		固定资产加速折旧	认识会计在国家治理体系和治理能力现代化中的作用	"五大发展理念"之创新发展讨论与分析
		固定资产处置损益的质量问题	实事求是、坚持准则	顺威股份2018年年报中非流动资产处置损益案例分析
	无形资产、研发支出	研发支出资本化与费用化问题	守规则、实事求是	恒瑞医药研发支出会计处理案例分析
	流动负债、非流动负债、预计负债、借款费用、所有者权益	应付职工工资、福利等	企业社会责任	企业社会责任文献解读
		应交增值税和应交所得税的计算，增值税改革	守法意识、纳税责任	增值税改革经过及其意义；所得税的纳税调整
		预计负债的估计	实事求是、守规则	通过实例，反映不同估计下预计负债确认对报表的影响
		借款费用的终止确认时点的确定	实事求是、守规则	通过实例，反映不同确认时点下对报表的影响
第四篇 财务报表：会计信息解读与分析	收入、费用、利润	收入的确认	实事求是、讲诚信、守规则	恒安嘉新、康美药业、康得新等企业案例分析
		利润分配	守法意识	《公司法》解读
	财务报表分析	公司愿景、使命、价值观	爱国主义、文化自信	格力电器案例分析
		财务比率分析	理论联系实际、辩证法	格力电器案例分析

【案例4】

"心智与行为模式提升"课程思政设计研究

在课程思政育人改革和实践中，我们团队先行先试，确立了"理论先行、名师引领、问题导向、工具驱动"的课程思政建设模式，课程负责人主持的《心智与行为模式提升》课程获得国家级课程思政示范课程。之所以能获得此示范项目，育人工具箱是我们的一大创新和特色。

《心智与行为模式提升》是我院市场营销、电子商务、跨境电商、物流管理、工商企业管理的专业群平台课，是全校综合素质公共选修课，是与合作企业共享的员工培训课，是面向社会开放的学银慕课，是学校课程思政示范建设课程。这是一门通过提升心智与行为模式来增强人的幸福感与智慧的课程。该课程与中国共产党的初心上下同心，它以马克思主义唯物辩证法为指导，以社会主义核心价值观为取向，以中国优秀传统文化为根基，以学生的成长与发展为中心，借鉴 4D 理论，融入管理学、心理学、人脑科学、个人领导力和教练技术等研究成果，为学生提供心智与行为模式的基本理论及用于实践的工具箱，并通过工作坊等形式让学生反复思考与训练。具体从认识个性开始，识己识人、完善自身、拓展思维模式、改善情绪模式、优化语言与行为模式，进而实现人格的完善、素养的达成、职业的发展、境界的提升。目前在学银平台开课已 9 期，有来自全国本专科院校和社会人士 7000 余名学员报名学习，访问量超过 600 万（数据截至 2023 年 02 月）。

《心智与行为模式提升》的课程思政设计源于黄金圈法则"WHY-HOW-WHAT"，按照"为什么学、怎么学、学什么"的思路进行思政元素的挖掘与融入，具体如表 1-11 所示。

表 1-11 《心智与行为模式提升》课程思政设计意图一览表

序号	关键因素	课程思政的理论根基	课程内容与思政元素的融合
1	WHY：为什么学习这门课程？（目的与意义）	中国共产党的初心：为中国人民谋幸福，为中华民族谋复兴	教会学生从我做起，从现在做起，做一个幸福的人，做一个能够温暖他人、给他人带来幸福的人。做一个有智慧的人，能为个人的发展和祖国的富强贡献力量的人
2	HOW：如何学好这门课？（工具与方法）	马克思主义唯物辩证法：客观地而不是主观地、发展地而不是静止地、全面地而不是片面地、系统地而不是零散地、普遍联系地而不是孤立地观察事物、分析问题、解决问题，努力做到解放思想、实事求是，一切从实际出发，具体问题具体分析，照辩证法办事	为使学生很好地进行实践，基于马克思唯物辩证法提供了 18 个训练工具，实践所学的理论，以此提升幸福感和智慧：(1) 3W 黄金圈法则；(2) AMBR 焦点管理；(3) 视角转换；(4) 悦己修圆；(5) 4D 谋事；(6) 语言负转正；(7) 情绪管理 ABC；(8) HAPPS 感激公式；(9) 4 维行动法；(10) 时间管理矩阵图；(11) 逻辑层次图；(12) 刻度尺；(13) 共情工具；(14) 建立诚信 4 步法；(15) 三大思考方式；(16) MECE 分析法；(17) 平衡轮；(18) 改变方程式

续表

序号	关键因素	课程思政的理论根基	课程内容与思政元素的融合
3	WHAT：这门课要学什么？（认知与行动）	社会主义核心价值观和中国优秀传统文化：诚信、敬业、友善、感恩、忠恕、和谐、工匠精神等	心智模式提升，包含探索天性、管理思维、管理语言、管理情绪等 行为模式提升，包含表达感激欣赏、关注共同利益、坚持要事第一、100%全力以赴、适度包容他人、严格信守协议、学会解决问题、坚持细节制胜等

课程思政要育人先育己，教师的思想境界全面提升，教师的言传身教、学生的耳濡目染成为课程思政最基本、最见成效的方式。在课程思政建设与培训过程中，发现低级红、表面化、硬融入、猛堆砌、太显性等问题较为突出，让课程思政春风化雨、入脑入心、润物无声对老师来说是巨大的挑战。为此，我们团队提出了"问题导向、工具驱动"的育人路径，开发了"提升教师育人能力的工具箱"，共包含15个经典育人工具，旨在为立德树人、教书育人提供科学的方法论，帮助老师们学会发现、学会引导、学会转化、学会创造，让事关灵魂的教书育人更加具体、更加生动、更加持续。

接下来，就让我们进入这15个育人工具的学习之旅吧，期待我们都能遇见更好的自己！

第二章 工具1：黄金圈法则

在我们打造的提升教师育人能力的工具箱中，第一个工具叫"黄金圈法则"。我们将这个工具放在第一位，是因为这个工具可以帮助我们迅速理清各类问题的思路，发现事物的本质。我的一个经常使用这个工具的同事说：这是一个无所不能的工具，可以用在学习、工作、生活的方方面面。

对照图2-1，请问你平时思考问题、开展工作或者对待生活，是习惯从里到外，还是从外到里呢？也就是先从为什么开始？还是先从做什么开始？这两个不同的思维方式，你感觉会导致什么不同的结果呢？

图2-1 黄金圈法则图示

世界上几乎每个人都知道自己在"做什么"；有部分人知道自己要用什么高效的方法去做，但只有极少数人能够说清楚"为什么要做"。而正因如此，也就造成了人与人之间巨大的差别。

从WHY开始的思考，能抓住问题的本质，明确最终的目的；接着思考如何去做，才能实现目标；最后是做什么，也就是具体的行动。这就是以结果为导向、发现本质的思维工具。

Simon Sinek（西蒙·斯涅克）最早将黄金圈法则用于商业领域，我在教市场营销的专业课时也经常会用到，后来做课程思政，发现它是一个很好的提升教师育人能力的工具。

这个工具的核心是什么呢？如图 2-2 所示，就是"从 WHY 开始的思考"，它能帮我们解决什么问题呢？一是可以解决目的和方向的问题；二是解决动机和动力的问题。我一直觉得方向比努力更重要；不是说努力不重要，而方向比它更重要。我一直还觉得动力比能力更重要，不是能力不重要，而是动机和动力比它更重要。

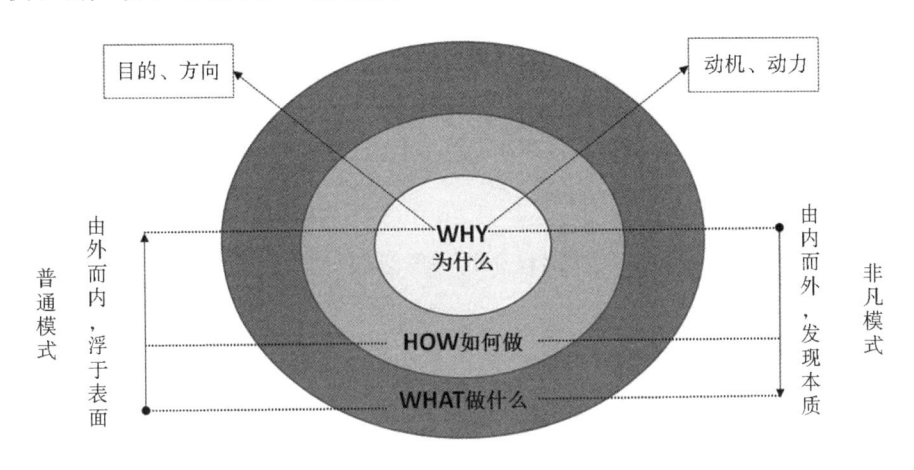

图 2-2 黄金圈法则的解析

由外而内的思维容易浮于表面，是普通人常有的思维模式；由内而外的思维则帮助我们发现事物的本质，是一种非凡的思维模式。试想无论我们做什么，如果目的明确、方向正确、动力十足、方法科学，还有什么事做不成、做不好呢？

黄金圈的"WHY"说的是动机与动力以及方向和目标的问题，也就是找到自己做事的初心，也就是出发点。这是"道"的问题，而如何去做（HOW）是"术"的问题。经常听有人说："不忘初心、不忘初心"，真不希望它只是一句口号，初心需要守候，有时也需要找寻，我们起码要知道自己做每件事的初心到底是什么，别走出太远，不知或忘记为什么出发。

老子说：有道无术，术尚可求也。有术无道，止于术。

庄子说：以道驭术，术必成。离道之术，术必衰。

对于教育而言，我们需要反思，这些年是否有重技轻德的现象。术易学，道难寻。术的学习有时会立竿见影，而道的掌握周期往往很长。但对于教育常常"快就是慢""慢就是快"。方向对了，走得慢一点都不至于走在别人后边；方向错了，越努力越背道而驰，越南辕北辙。

那这个工具可以用在哪些方面呢？可以用于帮助我们指导我们和学生找到初心、坚守初心；也可以帮助我们和学生拓展思维的深度，提升发现本质的能力。

育人先育己，我们首先需要将这个工具熟练地运用在我们自己的工作和生活中，每个人说起这个工具，背后都有一个生动鲜活的故事，都有运用这个工具解决自己问题的成功案例，这样我们在教书育人中才会更有说服力，才能取得更好的成效。下面我给大家分享两个我使用这个工具的案例。

【案例1】

课程思政"三问"

我们团队在课程思政建设之初，有老师和我讲：阚老师你说吧，课程思政让我们做什么？我在做培训时，学员更多关心的是，阚老师你告诉我们到底要怎么做？而我最关心的是为什么要做？试想，如果我告诉你做什么，但没有好的工具和方法，一定会事倍功半。如果我们有好的工具和方法，方向错了，会越努力越背道而驰，越南辕北辙。

所以对于课程思政这件事，WHY要解决这项工作的正确方向，WHY还要解决我们老师的动机和动力问题。试想，如果我们做课程思政的方向正确、目标明确，老师们的动力十足，再加上好的工具和方法，还有什么做不成做不好的呢？

一、为什么做课程思政（WHY）

下面分享我们做课程思政的"WHY"，这对于我们是初心，是根本。是支撑我们无论遇到什么困难都能坚定前行的动力，是我们得以不折腾、高效前行的方向，因为我们一直相信"方向比努力更重要"。

我们来自番职院的管理学院，申报双高校时，管理学院贡献了2项自己主持的国家教学成果奖、3门国家级课程、1个首批现代学徒制试点、1个首批国家示范职教集团、1位国家万人计划教学名师，和若干学生技能竞赛获奖。我们一个二级学院就满足了双高校9选5的条件，应该是贡献不小。

但真正开始建设双高校时，我们发现很多资源重点向理工科专业倾斜。

原因是他们的专业更符合国家和区域发展战略，那建设双高校，管理学院应该如何把握机遇，谋求更好的生存和发展是摆在我们面前的一个重要问题，与理工科学院相比，我们专业的技术含量不高，需要打造自己的软实力，以此作为管理学院的品牌竞争力。

因而我们需要有更高的站位、更大的勇气，更有责任的担当，坚定不移而又创造性地落实立德树人的根本任务，成为零售职业教育创新引领者。这是我们来自内部的自我驱动力。所以为什么做课程思政，不是因为领导让做，而是我们在学校第一个站出来向学校党委申请要先行试点，因为课程思政对于我们是机遇，是担当，是使命。

课程思政的动机和动力有了，那我们课程思政的方向和目标又是什么呢？这需要问题导向。

我们需要直面管理学院课程思政到底要解决什么问题呢？不解决问题，最终会浮于表面、流于形式。我们要解决的是学生不乐于服务他人、不擅长服务他人、不积极服务他人等问题。以前学生很喜欢"管理"两字，以为报我们学院就是去做管理、管人的。我们与百果园合作，曾有一个家长说，要让我女儿去卖水果，我就让她退学。这就是家长带给她的价值观，那我们的课程应该给学生什么价值引领呢？

管理学院各专业服务的行业是现代零售业。学生的职业发展更加依赖人与人之间的互动，他们服务的方式也将对社会产生影响。"服务创造美好生活！"是我们赋予学生的行动理念，而其蕴含的关键思政元素是："人民对美好生活的向往是我们的奋斗目标"以及"全心全意为人民服务"，也许大家会觉得这对学生要求太高。

大家想想，我们学生自己交的学费占培养成本不足 1/4，像我们双高校，占得更少，在 10% 左右，我和学生说：你们是拿着纳税人的钱、人民的钱读完的大学，需要有感恩之心为人民服务。如果你一时还做不到将服务人民美好生活作为目的，你可以先将其作为自己赖以发展的手段。在现代商业社会，只有利他才可能利己。所以我们提出了三个价值导向：要"用进取、诚敬之心悦纳服务"；"用匠心、专技之能钻研服务"；"用家国、兼济之念奉献服务"。在此基础上，确定我们管理学院的课程思政工作指引。如图 2-3 所示。

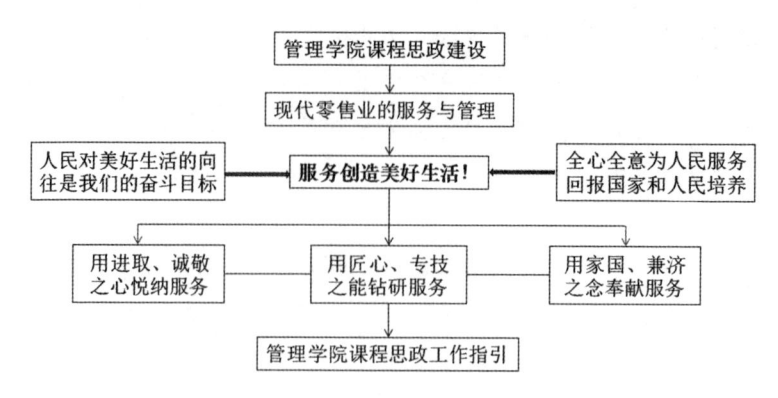

图 2-3　管理学院课程思政的方向

二、怎么做课程思政（HOW）

"HOW"是为"WHY"服务的，不同的目的和目标需要不同的方法甚至路径。就如课程思政，如果目的是完成学校的任务，目标是达到合格，其实方法和路径相对简单，挖掘一些课程思政元素，制定课程标准，在上课时用有效的方法融入即可，现在这方面的案例也有很多。

但如果要将其作为机遇和担当，或申报项目、参加比赛就需要有系统化的、创新性的、示范引领的、务求实效的路径和方法，难度就会较大，但这事不能急，厚积才能薄发。

我们名师工作室的课程思政是如何做的呢？其模式可概括为：理论引领、名师先行、问题导向、工具驱动。

首先是理论引领，我们运用的理论主要是马克思主义唯物辩证法的根本方法论。哲学是科学中的科学，也就意味着我们的课程中必然会包含这一理念，另外马克思主义唯物辩证法是中国共产党治国理政的法宝，我们课程思政的问题有什么解决不了呢？

其次是名师先行，课程思政做好不易，教学名师有责任也应该有能力去先行先试。我首先提出以自己的课程先行试点，再由学院向学校党委提出以管理学院为试点。我们成立了学校第一个课程思政团队，用了半年的时间学习理论的同时，发现问题、解决问题，边学边做。

再次是问题导向，在开始半年的学习中，我们团队每位老师每个月要上交5个学生课程思政问题的解决案例，最后我们按世界观、人生观、价值观、诚信、敬业等等分成16类，形成了案例集。

最后我们用的方法是"工具驱动",如何去解决问题呢,我们是基于马克思主义唯物辩证法打造了一个课程思政的工具箱。共涉及 24 个课程思政的工具,师生都可用。每次使用这个工具箱,我都会非常兴奋,那种感觉就好像原来一直用双脚走路,现在有了一个电动自行车或有了一辆汽车的感觉。当学生离开我们的课堂或毕业离开我们学校时,他能背起一个工具箱仗剑走天涯。

三、课程思政做什么(WHAT)

课程思政做些什么(WHAT),这是一个较为个性化的问题,每个岗位、不同的人会有不同的选择。课程思政是一个系统工程,不同的人会有不同的目标和职责,对于不同岗位有如下建议:

如果您是校领导或教务处的领导,需要牵头做好顶层设计工作,可为全校各单位各部门制定一个校本的《课程思政实施方案》。

如果您是科技处、后勤处等部门的领导,可按"三全育人"的要求,结合自身的业务,进行科研思政、服务育人等方面的探索。

如果您是二级学院的领导,需要牵头做好课程思政指导工作,可为学院老师制定一个《课程思政工作指引》,并组织相关的培训。

如果您是专业负责人,可从专业人才培养目标出发,系统设计课程思政目标,让每个老师、每门核心课有重点、有分工地去承担思政责任。

如果您负责校企合作或是企业兼职教师,可探索校企合作开发课程思政项目、课程,将人才培养模式的改革与培养什么人、为谁培养人有机结合起来。

如果您有责任有担当发挥课程思政的引领作用,你可开发一门较为系统化的课程思政示范课,给不同专业和课程的老师以更多借鉴。

如果您是课程负责人,需要开发课程,确定课程思政目标、挖掘课程元素,做好这门课体现思政要求的教学标准。

如果您只是课程组中的任课老师,可依据课程标准,进行课程思政教学方案的设计。

图 2-4 是我们团队课程思政的"WHAT"。它不是事后的总结与提炼,而是我们做课程思政之初,就确定下来的行动计划。如果说"为什么"是基于问题导向,"怎么做"是工具驱动,那"做什么"就是基于"成果导向"。

很多老师习惯用"摸着石头过河"的策略来对待每一次教学改革,其实我们的教改已经持续了很多很多年了,已经形成了一定的做事方法和规律。如果不是非常复杂、史无前例的工作,建议还是先做好自己的顶层设计比较好。这样你就不至于东一锤子,西一棒子,做事就会有章法。用课程思政这根针可以穿起很多条线,这样你就不是被人牵着走,而是自己可以牵起很多工作,而且还会收获很多成果。

图 2-4 我们团队课程思政的 WHAT

【案例 2】

"大学三问"

而面对新生的第一次课,我会进行"大学三问",你为什么上大学,怎么上大学、上大学学什么?不少同学从未认真地想过为什么上大学,正因如此,他们进入大学以后会出现懈怠、空虚、迷茫。我会用黄金圈法则这个工具,引导他们找到上大学的目的,从此他们就有了较为明晰的目标。表 2-1 是我们学生给出的一些回答。

表 2-1 黄金圈法则用于"大学三问"

为什么上大学(WHY)	怎样上大学(HOW)	上大学学什么(WHAT)
1. 遇见更优秀的人,进而遇见更好的自己 2. 改变家族贫穷落后的历史,让家人过上幸福生活 3. 为国家的发展做出自己的一份贡献 ……	1. 拿一次奖学金 2. 做一个学生干部 3. 参加一个社团 4. 做一份兼职 5. 读万卷书、行万里路、阅人无数 ……	1. 学习如何成为一个幸福的人,一个有智慧的人 2. 学习如何成为一名合格的店长 3. 学一些琴棋书画看似无用的东西 ……

比如有同学说：上大学是为了找一份更好的工作、是为了让自己和家人过上更幸福的生活，也有同学说是为了遇见和成为更好的自己等，我会接着和他们探讨，有什么高效的方法可以让你达成这些目标？你大学三年准备做哪些事，才能实现这些目标呢？

有同学会说：我要拿一次奖学金；做一个学生干部；参加一个社团；做一份兼职积累企业实践经验；还有同学说：我要充分利用学校的图书馆读万卷书；还要利用学校的各种平台和机会多实践，有空多出去走走；还要多认识一些优秀的老师和同学……

一年以后，我会跟进他们，大学过去了三分之一，还记得初心吗？用1—10给自己打个分，你的目标实现了多少？到第二年、第三年，再次回到初心，和他们探讨为什么上大学。就这样走一走，回头看一看，有无忘记初心，有无偏离方向；有无用科学高效的方法，有无完成每一年度和学期的目标。这样三年下来，学生就会保持觉察、内观、反省、行动和持续改善，最终能成为更好的自己，达到上大学的初衷和目的。

【案例3】

"升学三问"

今年我指导12个毕业生，有8个备考专插本，虽然我有心理准备，但这个数字还是超出我的预期。

所以我问：你们为什么要读专插本？

同学们睁大眼睛：老师，那还用问吗？

我说：我真得不太清楚你们为什么选择升学，不选择就业？

学生：为了更好找工作或找更好的工作呗。

我说：你们确定所考的专业好找工作？确定毕业后，失去了两年的工作经验，真的好找工作？我女儿剑桥大学社会学博士，学历高吧？你知道有多难找工作吗？

女儿本科读的是文化研究，这个专业连我都羡慕不已，他们主要是通过电影、文学、戏剧、流行音乐、广告、空间、网络文化等来研究文化，其间不知她看过多少电影戏剧、读过多少文学作品、看过多少展览馆藏……我和女儿曾多次探讨为什么读文化研究、读社会学？为什么读剑桥？为什么读博这些问题。她曾和我讲：感谢家庭给予她的经济与精神上的支持和依靠，在选专业时能从自己兴趣出发，而不是从好找工作出发。读博于她、于我都很纯粹，不为别的，就为读博，读博是目的，不是找工作的手段，它就是人生的一种体验和修炼，不为好找工作，那现在也就很坦然地面对不好找工作这样的局面。女儿拿到博士学位时，她说以后我的身份、称呼可以选博士（Dr），他们填表时有三个选项，女士、先生和博士。也许这就是为什么吧。

女儿毕业后找工作很难，找了近一年的时间，其间曾经一度想去学编程，哪怕只是参加一个培训，都好找工作得多。收到过一封封拒信后，终于在一家智库找到了一份研究员的工作。她办公桌相邻的是一个高级研究员，与女儿是本科同届同龄，也是剑桥硕士，但她没读博士就以助理研究员身份从底层做起，女儿则读了博士，现在的差别是，女儿是研究员，人家这五年已晋升两级成为高级研究员。不只是级别的差距，更多是工作能力与水平的差距。

我和女儿再一次意识到，读博不是手段，就是目的，为了读博才读博。她现在感觉在工作中学到的东西太多了，每天都很兴奋，都乐在其中地听人使唤，她说那些人都肯用心教她，团队成员都肯热情帮她，再也不是读博时的孤军奋战。

我说这些不是反对学生升本、老师读博，这一个案例也不足以说明什么，只是担心我们的学生和我们的老师不问到底为什么，就是习惯性地盲目从众。升学，有人适合，有人不适合；有工作需要，有工作不需要；有人需要现在升学，有人需要工作几年后再升学。正确的自我认知，应是尽量不内卷的前提。

我很期待在工作和生活中，我们都能很好地运用这个工具，不被外界所裹挟，知道适合自己的方向与目标，心怀很强的内驱力，能够运用科学高效的方法，还有什么做不成做不好的呢？由于某些原因，即使做不好，也就无怨无悔了。

说到这里，你是否发现，这是一个非常好用的工具。无论是面对学生还是面对我们自己，无论是面对长远的人生，还是面对眼前的任务，多问问自己：

你是否清晰地知道自己到底想要的是什么？这是目的和方向。

你是否清晰地知道用什么高效的方法去做？这是手段和方法。

你是否清晰地知道自己的具体行动？这是明确的任务。

在行动过程中，如果遇到困难和挑战，是否可以不忘初心，回到原点，然后重新上路，笃定前行。

经常听老师和学生讲，不忘初心、不忘初心，问题的关键你得有初心。很多学生总是感觉迷茫，也有不少年轻教师同样迷茫，这就是不知道自己该往哪走，不知道自己前进的方向，然后就人云亦云，被外界裹挟着往前走，别人往哪里走，自己也往哪里走，然后就抱怨，这个世界太卷了，不知道自己最想要的是什么；不知自己最适合的是什么；不知道自己能干什么。于是就想躺平。

下面这个案例是我面对很多同学以及不少年轻教师的迷茫，在当时的博客上发的一篇短文，希望对你有所帮助。

【案例 4】
方向比努力更重要

不是说努力不重要，努力确实很重要，但有比努力更重要的，就是方向。如果方向选错，越努力越会背道而驰，越会南辕北辙！其实很多时候，如果方向选错可能会让人不再愿意付出更大的努力，因为他没有信心、没有兴趣，他看不到希望！如果方向选对，也许你慢点走都不一定落在别人的后边，因为方向是效率的基础，当然方法是效率的根本。你有时会看到别人很轻松地获得成功，那并非都是偶然，其实走对路、做对事真的非常重要！

方向不只是指人生的职业方向，也指人生的恋爱家庭方向，也指你带领一个团队要走的方向，还指你做一件事的方向，学一门课的方向等，方向无处不在，方向无时不在。大的方向由许许多多小的方向组成，小的方向看起来正确，但若把它放到大的方向上也许它会是一条相反的方向线，这样会使你本来向前的行进变为倒退，这就是我们常常看到的有些人"因小失大"！在一些小的事情上你看他的决策没错，但要放到大的方向上，它确实南辕北辙，至少没有起到协同的作用。

试想你人生的轨迹如果是一条近似直线地通向你想达到的地方，你的人生该多么有效率。我知道你会反驳我，你可能说，那人生只走了这一条路岂不太单调，枉在世界上走一遭。这个问题涉及的是价值观的问题，你是想一心向着自己的目标前进，还是无所谓目标，你只想做一个过客或是游客？世界很大、人生舞台很广，即使走遍所有的路，你最多也只是在半山腰，你无论如何都体会不到无限风光在顶峰的豪情。更何况任何一条路上都有峰恋叠嶂、都有秀丽风光、都会让你感到目不暇接、美不胜收。我不反对放慢脚步停下来去享受人生，但正是因为你走对了路，你就不必那么辛苦地摸索跋涉、不必风雨兼程、不必日夜赶路，你完全可以停下脚步去欣赏路上的景致，感受途中的风情。

如何才能找准方向这是关键。其实对于个人而言，我从不赞成摸着石头过河。邓小平提出摸着石头过河那是指偌大中国的改革开放的方向，它前无古人，后无来者，它环境复杂，形势严峻。但对于我们个人的成长与发展、你所带领的团队的进步以及我们要做的每一件事，我一直都相信一定会有一条直线或近似直线通往我们要达到的目标，它一定是客观存在着，只是我们缺乏发现它、找到它的智慧而已。

找准方向首先要确定目标，方向是从你起步的地方到达你的目的地。其实很多人不知道自己的目的地在哪里，不知道自己的目标又谈何方向，那结果一定是别人希望你怎么走就怎么走，别人往哪里走就跟着往哪里走，走出很远的路才发现别人给指的路并不适合自己，而跟着别人走也并不是志同道合。此刻，有人会执迷不悟、有人会迷途难返，当然也会有人下决心，决定回头是岸，只可惜这浪费了多少时间！

别人觉得在特大型企业做高管比做教师更风光，那只是别人的想法，我的目标就是做教师，你不知我有多喜爱，我有多擅长！别人觉得我应该找一个比我学历高、比我有才能的人做伴侣，我觉得又不是开公司，组成家庭找一个对自己好的人那才最重要。女儿去香港读书，谁都觉得广东人去那里必定要学商，但我们却对文化研究情有独钟，你不知我们这种选择有多正确。

大的方向取决于人的价值观，但在子目标、子方向的把握上除了时刻不要忘记大目标，不要让自己迷失以外，有效思维变得非常重要。如何才能找到或发现那条正确的道路呢？我一般的思维方式是：要做成这件事的关键制胜因素有哪些？这个一定要想全想准。比方说，恋爱结婚的目标对一般人来说都是"幸福"，当然每个人对幸福的理解不同。你想要获得幸福，必须要想清楚，保证我的婚姻家庭幸福的关键因素是什么呢？一、二、三、四、五，你找的这个人能帮助你达成几项呢？哪些已经具备？哪些需要你们共同努力？哪些需要你去接受去包容？哪些是根本达不到必须要分手呢？再比如你想跟别人谈合作，你事先必须想清楚，要保证谈判及合作成功必须具备哪几项能力，哪些能力已经具体？哪些还需努力等。如果当我分析了关键制胜因素后，我发现即使我努力了，我也达不到，我会选择放弃，因为我还记得一句话"殊途同归"，正确的路不只这一条，否则就不会有条条大路通罗马了！

我不愿意带着我的学生、我的团队和我的孩子没有明确目标地去探索，我不喜欢那种来回瞎折腾，浪费了自己的时间，也浪费了别人的生命。我希望有我的引导，我的学生、我的孩子、我的团队成员的生命效率更高！

不管怎样，只要心里有目标，我就相信那句话"一心向着自己目标前进的人，整个世界都会为他让路"！

黄金圈法则这个工具就是要让我们找到自己的目标和方向。想一想，你可以将这个工具用在哪些方面呢？我每个学期第一节课，都会用这个工具先和同学们分享，为什么要开设这门课，我们要解决什么问题、达到什么目标；然后再说用什么高效的方法去学习这门课；最后再说这门课，我们要学什么。

运用黄金圈法则，试着多问几个为什么。相信慢慢就会抽丝剥茧，发现本质，找到方向。

对于这个工具，我们强调的是从"为什么"开始的思考最重要。当然有老师也会说，难道"是什么"不重要吗？比方说课程思政是什么我还不是很清楚，我如何从为什么开始呢？

这里提示大家：使用黄金圈法则这个工具，当我们已经知道是什么时，就可以直接从为什么入手进行思考，但如果是一项新工作、新任务、新事物，就要先从是什么开始，然后再说为什么、怎么做、做什么。

我们在教书育人过程中，要尝试用好这个工具，让学生清晰地知道他要学什么、做什么，还要让学生学会用最好的方法高效地去学去做，更要让学生明白为什么要学、为什么要做，让他积极、主动地去学去做。

这就是我经常说的：我们做老师需要授之鱼、还要授之渔、更要授之欲。如图 2-5 所示。

试想我们的学生，如果他们方向正确、目标明确、动力十足、方法科学,还有什么做不成、做不好的呢?

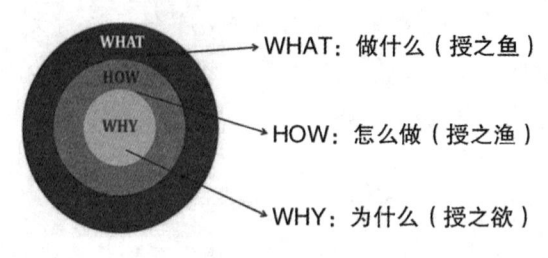

WHAT:做什么(授之鱼)
HOW:怎么做(授之渔)
WHY:为什么(授之欲)

图 2-5 黄金圈法则在教书育人中的应用

第三章 工具2：AMBR焦点管理

提升教师育人能力的第2个工具叫 AMBR 焦点管理。如果说前面学习的黄金圈法则是一个拓展思维深度、帮助我们发现事物本质的工具，那 AMBR 焦点管理则是一个帮助我们转换视角、拓展思维广度的工具。你可能会说：既然 AMBR 说的是焦点管理，为什么要转换视角呢？转换视角是为了能拓展思维的广度，这样才有可能找到那个对的、正确的焦点。

下边，我们看一下，这个工具的基本内涵，如图 3-1 所示。

图 3-1 AMBR 焦点管理工具示意图

A（Attention）"关注"：它说的是，人的注意力是有限的，只有被我们关注到的事情才会被纳入意识处理的范围。所以你到底关注的是什么，很重要。

M（Mindset）"心态"：同样是被关注的东西，每个人对此产生的想法、信念、情绪、态度等是不一样的。

B（Behavior）"行动"：不一样的心态又会引发不同的行动。

R（Result）"结果"：不同的行动又会带来不同的结果。

这个工具告诉我们："关注所向、力量所在""行有不得、反求诸己"

"转换视角、拓展思维。"一定要找到那个对的、正确的焦点。

AMBR 工具首先是让我们解决关注的焦点问题，而不同的视角常常会产生不同的心态、行动和结果。如果看问题的视角只有一种，即"从自己出发的视角"，我们看到的世界就会过于局限，要么是陷在情绪里，停留在当下的感受里难以自拔；要么是无法看清自己的真实渴望，永远被当下欲望所牵引。在思考和看待问题的时候，愿意采用多元视角的人，往往比那些只从自己视角出发的人获得更多成功。

【案例 1】

用 AMBR 看小朋友写作业

A：妈妈注意到小朋友写作业的时候一直在喋喋不休地和她说话。

M：妈妈认为小朋友没有认真对待自己的学习任务。因此，开始觉得生气。

B：妈妈因为生气，就开始训斥小朋友。

R：小朋友因此开始哭泣或生气，然后更加不能集中精力写作业，妈妈更加心烦意乱。

我们看看，是否可以将关注的起点调整一下：

A：妈妈注意到小朋友一直在表达自己的想法、情绪、当天在学校的经历，发生的各种故事。

M：妈妈认为小朋友可能是因为一天没有看见自己了，很想和自己一起分享这一天发生的事情，但是这样的行为有可能会让她做作业变慢或出错。

B：所以告诉孩子，妈妈对她说的很感兴趣，要不先抓紧时间写好作业，然后大家一起专心聊聊，或者先聊会儿天，再专心写作业。

R：孩子可能接受建议，然后写好作业，再和你愉快分享自己的故事。

AMBR 就是让我们可以训练自己换个角度去看问题，去获得可能更好的一个行为结果。在使用 AMBR 的过程中，我们应该明确自己想要的是更加本质的一些目标，才有可能在面对不同的事件时，走向更好的方向。

比如，同样在观察到孩子没有好好写作业的事件时，我们如果设定的目标是，孩子需要遵守规则，那么不好好写作业会被界定为"不好的行为"，但如果我们追求的是让孩子可以获得更好的成长，那么我们就有可能把所观

察到的现象界定为一个需要去分析的问题,并会启动思维分析在不好好写作业的背后有可能有什么原因:

也许是小家伙很想和妈妈分享学校的事?

也许是小家伙没理解作业,不会做?

也许是小家伙对作业的意义不认同?

也许是小家伙疲倦了,所以在换脑子?

也许是小家伙对于完成作业的专注力还没培养好?

……

不同的关注出发点,会让我们看见不一样的可能性。

放到我们同学的学习中,也是一样的:当有同学提出对于自己观点或方案不同的意见时,如果我们关注的出发点在于"要证明自己是对的",我们的思维模式马上就会启动自己的思维防御,更深入地钻进自己的套路里去解释,并可能因此导致误解加深。但如果我们的关注出发点在于"希望方案能够更适应环境需要,更能达到预期效果",我们可能会意识到这是我们发现其他观点的可能机会,听一下也许有新的信息,进而有机会带来方案的更趋完善。

所以设立自己关注的出发点很重要,而这个需要我们常常去反思,我们自己最看重的究竟是什么?真的去理解自己想要的本质。

那这个工具到底可以用在哪些方面呢?如图 3-2 所示,可以用在工作与生活,以及我们每天面对的人和事,甚至是我们的整个人生。

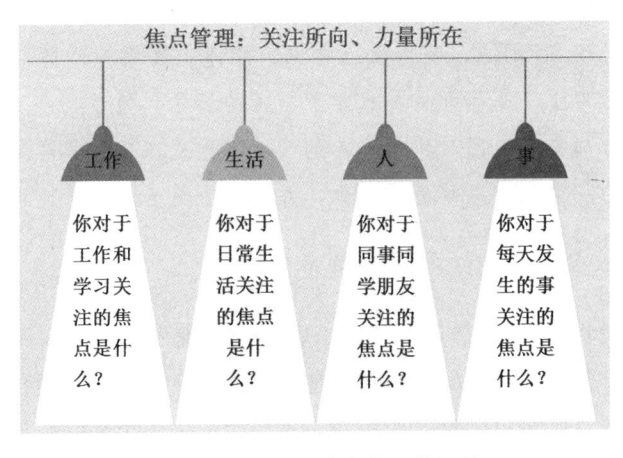

图 3-2 AMBR 焦点管理的运用

AMBR的应用范围很广，甚至每时每刻都可以用。因为我们无时不在关注外在世界，也关注我们的内心；如何提升我们的认知，进而完善我们的想法、信念、情绪、态度等，是我们一生要修行的事情。有了正确的认知，采取正确的行动，就一定会带来不同的结果。看看下边的案例，是否能给你一些启发？

【案例2】

我人生专注的焦点

我绝不是一个智商很高、能力很强的人，而且还有不少短板。但走过半生，一直不忘初心，做一名教师一直是我人生的焦点。有了这个焦点，也就锚定了我的信念与心智，进而有了一生为之奋斗的行动，最终有了成为一名国家教学名师的结果。

我从小就渴望做一名教师，但我的职业生涯起点却是父母选定的。高中毕业考大学时我想报师范院校，父母对我说，我们给你选一个更有前途的职业吧。那一年我读了计算机专业。当我每天非常刻苦地学习这个专业时，开始困惑，难道今生就要如此面对着这冰冷的机器，编着没有生命的程序吗？我出色的语言表达能力如何施展，我渴望的"言为师表、行为师范"如何实现……于是我决定对自己的职业人生重新规划。

因为心中有了目标，因为心中有对父母的感念，我的心中没有抱怨，有的是更坚定的信念。首先我以超常的毅力和优秀的成绩获准选修了第二学位——企业管理专业。大学毕业后，用了十年的时间积累了丰富的企业管理经验，又读完MBA，获得硕士学位，并评上高级经济师后，放弃了很多东西，毅然走上了高等职业技术学院教师的岗位。随后我用了五年的时间当选了学校首届教学名师，用了七年的时间当选广东省教学名师，用了十五年的时间成为一名国家级的教学名师，并将以此为生，精于此道，余生将永做一名人民教师。

以上是我将AMBR焦点管理用于职业生涯规划方面的案例。这个工具还可以用在日常生活中，我们经常发现有些人关注的焦点不是自己拥有的东西，而是眼睛总盯着自己没有的东西，对待生活失去了平常心，不开心不快乐。生活不是缺少美，是缺少我们眼睛对他的关注；生活不缺幸福，是缺少我们内心对它的感受。

这个工具还可以用在对人、对事上，如果我们眼睛总是盯着负面的、不好的、过去的来看，就如吸引力法则所说，你相信什么就会遇见什么，你的人生就会靠近什么。

不要看着谁都不顺眼，什么事都不顺心，眼睛向内，先解决好自己的问题；你对了，世界就对了！

下面我和大家先分享我在生活中运用这个工具的一个案例。

每个人都有很多面，你愿意去关注他的哪一面呢？是好的一面还是坏的一面？你喜欢的一面还是你不喜欢的一面呢？

【案例3】

你关注他的哪一面？

每个人有很多面，你愿意去关注他哪一面？好的一面还是坏的一面？你喜欢的一面还是你不喜欢的一面呢？

先生是个理工男，学的是建筑工程，常常将工作上的习惯带回家。比如他下班到家洗手时发现毛巾杆上没有毛巾，就会生气地问毛巾哪儿去了，我说洗了，他说为什么不把新毛巾挂上？在我们工地要是哪个材料断货那就要停工的！再比如他站在梯子上修灯，让我递螺丝刀给他，就因我没有无缝对接地递到他手里，他又上纲上线地大喊：你这个样子，会让人从脚手架上掉下来，那会死人的！我气不过就质问他：这不是工地，这是家啊！他就更来劲儿了：你天天把家搞成样板房一样，一尘不染，还什么东西都必须放到柜子里、抽屉里，这还是家吗？

两个人天天就为这些事你看我不顺眼，我看你不顺眼，生气是难免的，这不是我想要的生活，我向往的是夫妻相敬如宾、举案齐眉。有一天，当我遇见AMBR这个工具时，豁然开朗。我尝试调整视角，把对先生关注的焦点，不再放到理工男、一根筋、把家当工地上纲上线这一面，而是放到他所有的好，放到他对这个家以及对我的全心全意上。于是我的心态就变了，行为也跟着就变了，每次洗毛巾一定先拿一条新毛巾挂到毛巾杆上，每次递东西一定装也装得全神贯注，确保无缝对接。从此家不再是工地，两人终于过上了相敬如宾、举案齐眉的幸福日子。

有一次做教师培训，为了给老师们讲清楚AMBR这个焦点管理工具，我又拿出我和先生的故事来举例，结果下课时，一个女老师跑过来问我：阚老师，为什么总是我们女人先改呢？男人为什么就不能先改改他们的坏脾气呢？我一听就笑了，对她说：你看，我为了讲清楚这个工具，把我们家务事都抖出来了，你关心、关注的还是谁先改的问题，这个对你是最重要的吗？我关注的焦点是我的幸福的问题，至于谁先改并不重要，更何况你能改变别人吗？我们能改变的往往是我们自己。夫妻之间如此、同事之间又何尝不是呢？

我为什么要家长里短地分享个人生活中的案例呢，一是，我们需要教给学生学会生活、学会相处；二是，大家想想夫妻之间都有这些矛盾，那同事之间，领导下属之间、朋友之间是否更这样呢？有矛盾很正常，没有矛盾不正常。关键是有了矛盾如何解决。

我特别喜欢这句话，你对了，世界就对了。我们需要先解决好自己和自己的问题，然后才能解决好和他人的问题，最后才能解决好和世界的问题，这就是道生一、一生二、二生三、三生万物。如图3-3所示。

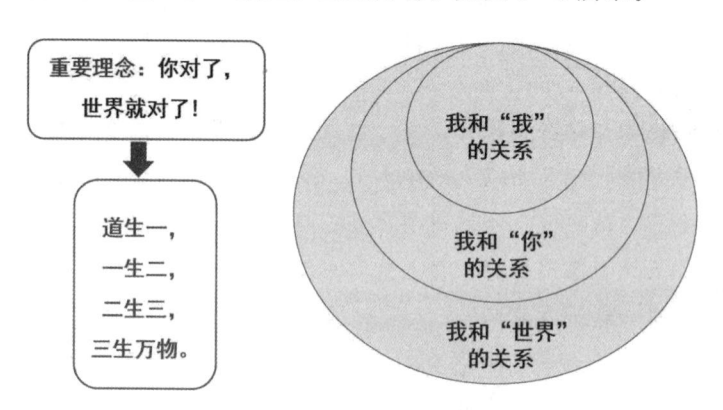

图3-3 我和世界的关系

对于AMBR焦点管理这个工具，我们学习的重点就是：如何转换视角，去找到那个对的、正确的焦点，从而让我们有效构建和提升自己的心智。

我们在培养、指导和帮助学生时，要引导他们，找准那个对的焦点，看问题的角度不能总是自我视角，那样格局一定会很小；要有换位视角、摄像头视角；还要有时间视角和系统视角。如图3-4所示。

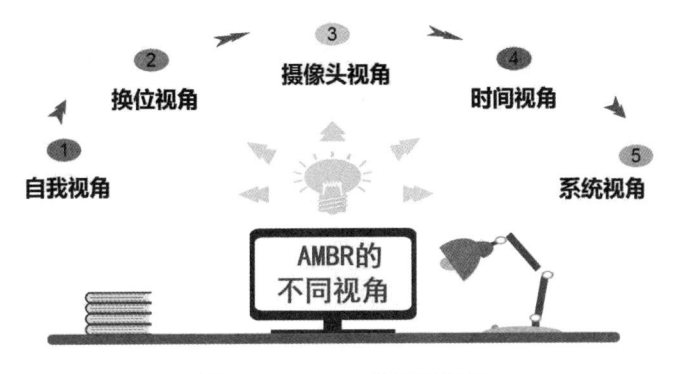

图 3-4 AMBR 的不同视角

下面这个案例，是学生在老师的引导下，通过换位视角解决了自己非常纠结的一个问题。

【案例 4】

你到底想要什么？

有个学生家境不好，其亲戚开公司，从其初中毕业开始，亲戚就接纳他去自己的企业兼职，并付较高的薪水，且从未拖欠过。该生进入大学前的暑假继续在此打工，但至开学时两个月的薪水都没拿到。原因是企业经营状况非常不好，亲戚恳请他能理解，一旦经营好转一定会尽快补发。学生认为拖欠工资不合法不合理，想通过诉诸法律等途径来解决，又怕别人说他忘恩负义，很是纠结。找到老师谈心，以下是师生的对话。

老师：我很理解你此刻的心情，付出那么多的辛苦与努力，一定是想获得回报，而按劳取酬也是理所当然的事。

学生：是的，我也这样想。

老师：你可否告诉我，对于这件事，你最关注的是什么？最想得到的是什么？

学生：老师，我最关注的、最想得到的就是我的报酬，但我又不想让别人认为我忘恩负义。

老师：嗯，这是一个最好的结局。如果两者不可兼得，你会放弃哪一个？

学生：我就是很纠结，不知道怎么办？

老师：对于这件事，你可控的是什么？对于我们不可控的事，我们需要先放下，可以吗？

学生：好的。这件事，我能做的要不去告他，要不就先忍了。

老师：好。那我们先看看，如果去告他，诉诸法律，你会得到什么？失去什么？哪些是你想要的，哪些是你不想要的？

学生：也许能得到钱，但会失去道义或亲情。

老师：嗯，这个结果是你最终想要的吗？

学生：不是，我怕我会良心不安。

老师：为什么会良心不安呢？你拿回自己的钱不是合法合理的吗？

学生：我这样做不合"情"吧？

老师：好，现在静下心来想想，这个情是什么呢？这个情是怎样形成的？在你心中有多重呢？是难以忘掉的吗？你眼前会出现什么样的画面呢？（给了学生足够的时间去想，让他有个画面感）……

学生：老师，我想到三年前，我刚初中毕业，年龄很小，进到亲戚的厂子很胆怯，什么也不会干，亲戚给了我很多关照，我印象最深的是拿到今生第一份工资的那一刻，我怎么都没想到有那么多。这三年亲戚给了我很多的照顾，我很感谢他。甚至这份情可以用"感恩"来表达。

老师：好，对于你和老师说的这件事，我们有几个视角。从你的视角看，都有不同的角度。有工资、有恩情、有法律，等等。我们学过焦点管理AMBR，"焦点所向，力量所在"，你关注什么，能量就会流向什么。可否告诉老师，你现在的焦点放在哪里了？

学生：嗯，老师，我现在是"恩情"占了上风，我突然感觉有些释然了。

老师：是吗？怎么感觉释然了？

学生：我原来满脑子都是我的"工资"和"去告他"，感觉这是天经地义的，我都忘记了过去他对我的这份恩情。当我的脑子被这份恩情占据时，我觉得"工资"对我没有那么的重要，我可以再去其他企业兼职再挣回来，亲戚也说了，一旦经营好转一定会尽快还我。

老师：那好！我们可否再换一个角度，如果你是那个亲戚，你现在的处境和感觉如何呢？

学生：他现在一定很难吧，会比我初三毕业时，我们家的状况要更难，听他说，他的企业现在运转非常艰难。

老师：他曾经在你非常需要帮助时，温暖过你是吧？你现在有什么可以帮到他的吗？

学生：是的，而且这三年一直都是这样。我还没有多大的能力帮他，但我可以不为这两个月的工钱给他添乱吧？

老师：还有吗？还可以为他做些什么呢？

学生：还可以经常发个微信或打个电话问候关心他一下吧？

老师：还有吗？

学生：也可以去关心一下他的小孩吧，估计他现在也顾不上自己的孩子了吧。

老师：你现在有什么觉察吗？你的心情如何呢？

学生：老师，我现在不但释然了，而且感觉还有点成就感。

老师：为什么呢？

学生：我突然感觉自己不再是一个受害者，感觉自己挺有价值的，能给别人带来安慰、支持和帮助，原来是件很开心、很有成就感的事。

老师：非常好！真为你高兴！

下面分享的是我在上专业课时，课堂上让同学们讨论，如何处理他们在门店实习中与店长的典型冲突问题。同学分组用换位、摄像头、系统、时间的视角破解了他们遇到的问题。

【案例5】
如何面对与店长的冲突？

有个叫美玲的同学分享了这样一个真实案例：春节期间她去一家水果店兼职，这家店有"三无退货"的政策（无实物、无小票、无理由退货），结果有一个顾客拿着从其他门店买来的已经烂了的水果，要求三无退货。她一看不是自己门店的水果，就坚持不给退，顾客就和她发生了很大的争执，她也忍不住和那顾客大吵一通，结果店长狠狠地批评了她，她一气之下就离职了。

美玲同学觉得自己是为了维护公司的利益，而且店长事先也没有教过她如何处理这样的问题。她认为店长对实习生不负责任，还动不动就批评人，她觉得这样的公司不值得她继续做下去。

针对这个问题，我们就用了AMBR焦点管理这个工具，让同学们通过调整视角来解决问题。安排小组讨论：用换位、摄像头、系统、时间的视角自己找寻答案，下面我们看看每个组的意见和建议：

第一组同学用的是换位视角。他们说：店长工作非常忙，业绩压力很大，员工流动也很频繁，人的精力是有限的，她可能真的没时间手把手地教你。

第二组用的是摄像头视角。他们说：这个店长确实有问题，下属做不好，她应该勇于承担责任，不能只会批评人。另外，我们专业不同于理工科，面对人的工作是很复杂的，不是所有的问题都可以手把手教的，所以企业对我们的自我学习能力要求很高。

第三组用的是系统视角。他们说：在这家企业遇到问题，就选择离职，其实这是逃避。那去其他企业就不会存在问题了？各个企业，甚至全社会都存在这样或那样的问题，不可能一言不合就离职。我们遇到问题不能只是抱怨问题、逃避问题、汇报问题、上交问题，要学着用系统的视角和思维去解决问题。

第四组用的是时间视角。他们说：再过几年，当你想起这个事，也许会觉得当初就不是个事，是否会还觉得自己太矫情呢？他们还说：等三年后，我们做了店长，相信一定会比这个店长做得更好。

你看，让同学们运用 AMBR 这个工具，转换视角、自找答案，他们就可以走出自我的框架，会更有格局地去看问题、看世界，眼界宽了，格局大了，心胸也就广了，可选择的路也就多了。

当学生学会运用换位、摄像头、系统和时间的视角去拓展思维的广度后，我发现他们在学习中，特别是在实习过程中，面对岗位工作的压力，还是经常会出现心力不足、精神内耗的问题，主要表现是：

一是容易抱怨：原因是什么呢？是因为习惯眼睛向外找理由、找借口。关注的焦点向外，不是向内面向自己。

二是比较浮躁：原因是太关注结果，急于求成，总想一蹴而就。焦点放在结果上，没有放在过程中，不能踏实地走好每一步。

三是不能专注：年轻人想多尝试，这是好事，但一定要避免做什么都三分钟热度，找不到方向，不能笃定前行。

AMBR 焦点管理这个工具，能帮助我们学生真正做到"关注所向、力量所在"，"行有不得、反求诸己"！坚持长期主义，找准方向，笃定前行。

第四章 工具3：逻辑层次图

提升教师育人能力的第3个工具是"逻辑层次图"。

世界上，人与人之间最大的差距，往往在于思维方式。我们工具箱的前三个工具重点用于思维的改善与管理。

前面我们学习的第一个工具黄金圈法则。这是一个拓展思维深度、帮助我们发现事物本质的工具；第二个工具AMBR焦点管理，是一个拓展思维广度、帮助我们找准对的、正确的焦点的工具；现在我们继续做思维瑜伽，学习第三个工具——逻辑层次图，这是一个帮助提升思维的高度、又能帮助我们落地执行的工具。

我们先看看这个工具的内涵。如图4-1所示。

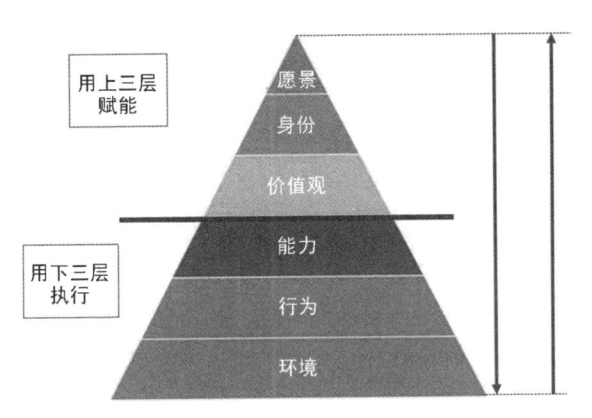

图4-1 逻辑层次图

它说人的思维往往分为以下六个层次：

第一层是愿景：说的是你希望的人生愿景是什么。

第二层是身份：说的是你想要成为什么样的人。

第三层是价值观：什么对你很重要？你到底想要什么？

第四层是能力：有哪些能力帮你成为你期待的人？

第五层是行为：要采取哪些行动才能让你具备那些能力，成为那样的人？

第六层是环境：你何时开始、在哪里行动？如何获得环境的支持？

"环境、行为、能力"，是"下三层"，其作用是落地执行，它强调在什么样的环境下开始行动，采取什么行动，具备什么能力才能够"成事"，才能达成目标。

"价值观、身份、愿景"，是"上三层"，其作用是激发内在动力。这件事对你为什么重要？你要成为一个什么样的人？你的使命是什么？你未来的愿景是什么？

在这个世界上，人与人之间最大的差距，往往在思维层次上。在现实生活中，我们常常会陷入一种人生无解的怪圈中。有人很穷，然后节衣缩食，结果却依然入不敷出；有人工作很多，然后天天加班，结果发展依然不好。我们会很无奈地发现，自己努力做出的改变，却并没有得到预期的结果。很多人都容易陷入思维的瓶颈，不确定自己的努力是不是有效，不知道自己的改变能不能持续，至于短暂利益和长远考量之间的取舍，更是无从抉择。整个状态就是困惑、纠结和迷惘，从而当下的难题也自然成了一团迷雾，无法看清楚其中的关键。我们脑子里可能存在着各种声音、想法、评判，而外界成千上万的讯息也在不断地涌入大脑。所以有时候我们会下决心做出一些选择、行动，但过了不多久，又会因为内心的无序、精神上的变化而半途而废。不过，尽管思维有其复杂性，但是当我们的大脑在思考和决策的时候，还是有其不同的逻辑层次。逻辑层次图这个工具，可以重塑我们的思维，它是一个能够帮助我们提升站位与格局的工具，同时又是能够落地你的执行力的工具；思维的上三层可以为你赋能，下三层可以为你落地，如果你的思维能在这六个层次上下贯通，你就可以既仰望天空、又脚踏实地，进而实现知行合一、身心合一。

下面与大家分享我运用逻辑层次图这个工具的案例，以期让大家进一步理解这个工具。

【案例1】

让调皮捣蛋的孩子做班长

我曾经与一个小学教师聊天。

我说：我虽然是国家教学名师，可若让我教小学生，面对那些调皮捣蛋的孩子，还真束手无策，现在孩子不好教，感觉你们小学老师挺不容易的。

结果这个老师云淡风轻地说：好办，我就是让这些调皮捣蛋的孩子做班长，他们做班长后，就像变了一个人似的。

我一下子想起"逻辑层次图"这个工具，当改变一个人的身份，他的价值观常常就跟着改变，能力、行动也都会改变，甚至他还会影响所处的环境发生变化。

这个老师说：是的，这个孩子做班长后，他变得很自律、很有担当、很有集体荣誉感，他还能带动其他同学一起改变，甚至对班风学风都有很大的影响。

我问：哪有那么多班长可以做呢？

他说：正班长可选举，副班长可以老师推荐进行轮值。

这真是一个好办法，很多学生的潜能就此被激发出来。

说到这里，大家有什么启发吗？身份对一个人有多么重要！我们千万不能给一个孩子随意贴上不好的标签，如：你就是一个没上进心的人；你天生就不是一块学习的料，等等，这些都会给孩子确定一个不好的身份，对他们的未来愿景以及现实能力、行动等都会产生负面的影响。

【案例 2】

我不是英雄

在 2020 年抗击新冠肺炎病毒疫情时，涌现出无数英雄，他们之中很多平日就是很平凡的护士，为什么他们可以不顾生死、勇往直前？有一首歌叫《我不是英雄》，歌词如下：

真的，我不是英雄

我是小宝宝亲爱的妈妈

大年初一那一个含泪的拥抱

和久久的吻别

咿呀学语的她还不能懂

真的，我不是英雄

我是丈夫处处呵护的娇妻

出征前的一千遍嘱咐一万遍叮咛

让我们相拥的长夜无眠

直到天明

真的，我不是英雄
在父母亲的眼里
我是永远长不大的乖女儿
我必须瞒着他们——
是担心那一份沉重的牵挂
拖住了我脚步的远行

真的，我不是英雄
我只是一名普通的护士
或是一名普通医生
防护衣就是冲上前线的战袍
穿上它，就默默肩起了沉甸甸的使命

真的，我不是英雄
我没有一副钢铁的身躯
也曾偷偷地把眼角的泪痕擦净
因我别无选择——
我必须以赛跑的速度，去从病魔的口中
抢夺回更多同胞的生命。

从歌词中可以看出，在没有奔赴抗疫前线时，她们的身份就是妈妈、娇妻、乖女儿、普通的护士或普通的医生，她们不是英雄。可是一旦穿上防护衣，她们就感觉像披上了战袍，这时她们就把自己的身份转换成了"战士"，身份变了，价值观和愿景也就不同，他们的价值观就是要"快"，必须以赛跑的速度，他们的愿景就是"去从病魔的口中抢夺回更多同胞的生命"。有了这些，不论外界的环境多么恶劣、无论自己多么柔弱，他们都以超越自己的潜能去行动，最终都成为英雄。

下面，再看看我们在课程思政培训过程中遇到的一个案例。这样的事情可能经常会发生在我们老师的工作中。

【案例3】

没有资金支持怎么做课程思政？

我们在课程思政建设早期，一个学校安排500多名教师分几期全员参加我们的课程思政培训，因为是学校统一要求，不是老师自愿报名，暑假又占用老师们的休息时间，极个别老师就会有些情绪。

培训一开始有老师就问：你们做课程思政学校给多少经费？我们没有经费支持，让我们怎么做？

想一想，这样的思维是在第几层？做与不做是在第二层，为了不做就习惯性地下到第一层去找外界环境的客观理由，这样的思维常常会落在第一层。

我说课程思政是每个老师应尽的职责，学校不太可能给每个老师经费去做，能支持每个老师参加培训，我感觉你们的"环境"条件已经很好了，学校已经非常支持了。

这时，有老师的思维就上到了第三层"能力"上，你是名师，你能力强做得了，如果我是名师，我也会去做；可我不是，那我没有能力去做。

大家想想：上述的沟通都是在下三层，能解决老师们的问题吗？其实很难。下三层的问题需要去上三层找答案，上三层的思维是可以给人赋能的。

我为什么做课程思政，开始我们也没有经费支持，我们是第一个在学校提出主动试点的；我的能力也不够（我不是党员，思想政治理论水平肯定不够），但我愿意在全校第一个站出来试点，原因是由我的身份、愿景和价值观决定的。

我是一个名师，就应该有名师的样子（身份），课程思政不好做，名师应该率先垂范。

当然也有人说，你都是二级教授了，还这么辛苦干吗呢？你虽然是名师，但也没人要求你先做啊？这是由我的价值观和人生愿景决定的。

"进取"是我工作中的首要价值观，不需要别人督促，我会主动承担责任。从教20余年，我教过很多专业课，在职业生涯的后期，我也很想专注于人师，以传道为主，而课程思政是我工作的主要抓手。

教书育人是我们教师的天职，教书不易、育人更难。我的愿景是：在我职业生涯的后十年，能够探索出一条提升教师育人能力的有效路径，帮助更多的教师，进而提升我们职业教育的教育质量和教学水平。

正是因为这样的愿景、身份、价值观激发我率先开启课程思政的试点，没有让外界环境、个人能力成为这项工作的障碍，也就是实现了上三层的赋能。

其实，老师们参加各种比赛、申报各种项目，很多时候是我们的站位、格局决定了我们成果的高度。而站位、格局往往是由愿景、身份和价值观决定的。

有一次省里组织我们名师去广西一所学校参观交流，当时一个中职的名师特别想拿国家教学成果奖，就问人家学校获奖者：到底怎样才能获得国家教学成果奖呢？

我觉得这是一个很难回答的问题，但对方名师一句话的回答给我留下深刻印象：你想拿国家教学成果奖，你得能解决国家想解决的问题。他们的成果就是以老年护理专业关切与呼应国家的养老战略问题，并做出了突出的成绩和贡献，有效提升教学水平和教学质量，取得显著成果。

2018年，我们《基于现代学徒制的零售店长人才培养体系构建与实践》也获得了国家教学成果奖，下面通过我们实施现代学徒制试点这个案例，来说明"逻辑层次图"这一工具的运用。

【案例4】

条件不具备如何做现代学徒制

我们学院是教育部首批现代学徒制试点单位，基于此，2018年获得了国家教学成果奖。常常有人问我："为什么你们的现代学徒制试点可以做得那么成功？我们也想做，应该怎么做？"我总是说："怎么做不是最重要的，最重要的是为什么要做。"听到很多回答是："领导让我们做，但感觉太难了，很多条件都不具备。"大家看一下，这样想问题，思维是在第几层？对，是在最下面的环境层。习惯去外界找原因、找理由，给自己一个不想做、做不好的借口。每每此时，我都会感觉，即使付出同样的辛苦去做，也很难成功。原因是动力不足，不是我要干，而是要我干。

当初我们做现代学徒制试点时，外界环境与别人一样，没有法律甚至政策的保障与支持，我们也不敢说自己具备这个能力可以做好。支持我们全力以赴去行动，最终取得成功并在全国获得一定影响力的是什么呢？是我们管理学院的价值观、使命（身份）和愿景。

我们的愿景：将管理学院打造成国内最为专业的职业店长学院。

我们的使命（身份）：让与管理学院相遇的每个学生、老师、企业和学校都能得到支持、帮助和成长。

我们的价值观：进取、创新、高效、真诚、幸福、分享。

这是我们管理学院的文化，它不只是挂在墙上，更重要的是融入我们日常的各项工作之中，甚至说是融入我们的血液中。

例如：我在给新生做入学教育时，告诉他们，我们要用三年的时间将你们培养成一名店长。然后问他们，阚老师是一个国家名师，你们觉得我用三年就在学校能把你们培养成店长吗？学生不假思索地说：能！我说：很抱歉，你们高估我啦！管理学院即使70个老师都是国家名师也做不到。

他们很疑惑。我就问他们：阚老师喜欢游泳，假如我是世界游泳冠军哈，很厉害吧，我就在这个教室、在黑板上、PPT上教大家学游泳，一教教三年，能教会大家游泳吗？他们才明白，学游泳要去游泳池；学销售要去市场；学做店长要去门店。这就是我们做现代学徒制的根本原因。我们曾经引企入校，建校中企，可三年一个店长也没有培养出来，原因是学生离开市场了。我们必须要让学生到市场中去、到企业里去，老师也跟着学生到企业去，这就是现代学徒制以工作为本位的学习方式。所以你看，为了我们的愿景、我们的使命，要成为国内最为专业的职业店长学院，要引领商科学院的发展，我们别无选择，无论再难，我们都会去做试点，这就是愿景、身份给我们的力量。

"进取、创新、高效"的价值观是我们工作中的行动准则，即使没有现成的经验，没有成熟的环境和条件，我们也愿意率先垂范、先行先试。而我们的使命决定了面对各方利益相关者，都会给予他们支持、帮助和成长，这是实施现代学徒制成功的重要条件。

对于做学徒制试点可以用这个工具，对于课程思政工作也可以用这个工具；对于一个组织、一个团队、一个人还可以用，这是一个帮助我们教师提升育人能力的重要工具。如果我们的思维总是在下三层，无论做什么，都习惯首先去找客观理由、找借口，那就不可能有很强的内在驱动力，也更谈不上什么境界和格局。以下是我用这个工具，辅导学生的案例。

【案例5】
用"逻辑层次图"辅导学生

我在用这个工具辅导学生时,有同学说:学习了这个工具,我也知道我的认知层次很低,思维总是在环境这个最底层。这种思维的直接表现就是:凡事不成,就归于外因,去外界找理由,找借口,主要表现就是"抱怨"。

有同学说:我在门店实习,因是春节期间,公司给门店的业绩指标直接加码200%,我们门店所处地段偏僻,店长和店员就一起抱怨:这不可能完成!即使天天加班也没用。

大家看,这种思维就是在最底层的环境上面,我们需要带着店长到上三层去赋能。先看价值观,你到底想要的是什么?什么对你是最重要的?再看你想成为一个什么样的店长?最后再看你的愿景是什么,五年后你要把这个店带到何处?想清楚这三个问题,在万物互联的时代,你还会在冷清的门店坐等顾客上门吗?还会在春节这个难得一遇的销售旺季,浪费时间去内耗、去抱怨吗?

相信你们一定会马上行动起来,也相信你们的潜能会很快被激发出来,你的门店所处的环境相就要也会改变起来,也许不会是顾客亲临的门庭若市,但会是你们为顾客送货的车水马龙。

我再举一个例子:我的一个学生,小关同学花了一学期的时间,非常辛苦地准备全省大学生职业生涯规划大赛,提交的作品题目是"开一家小店,安度余生",他感觉自己以出色的表现完成了现场展示,结果却榜上无名。评委老师说他站位与格局不够,小关不明白问题出在哪,他觉得比赛不公平。他说原来我们毕业都是做店员,现在我们是做店长,岗位已经提升了,为什么说站位与格局还是不够呢?他非常的郁闷,甚至说以后再也不参加这样的比赛了。

大家想想,小关的作品题目给人的画面,就是小关、小店和余生;什么叫格局?这与愿景、身份和价值观密切相关。格局是起码要跳出个人的框架,想想你可否为别人做些什么?习近平总书记说:人民对美好生活的向往就是我们的奋斗目标。有同学讲,老师,我就是希望将来能找份好的工作,哪有那么高的境界啊。我理解,不过我也问过我校财务处长,学生学费占培养成本的比例,她告诉我是10%左右,这就意味着同学们很大程度上是拿着纳税人的钱、人民的钱、国家的钱读完的大学。

大家可帮小关想一想，如何提升自己的站位和格局？如果是我，我可能将作品改为：开一家小店，贩卖人间美好；开一家小店，温暖这个城市；开一家小店，照亮你回家的路……

让这个城市因为有你，更加温暖、更加良善、更加浪漫……人民用血汗和税收供你上了大学，你以智慧和情怀服务人民美好生活。

我在给学生分享这个工具时，还有一个同学提出了一个非常好的问题：思维经常在上三层的，是否就比下三层的好呢？

如果思维一直在上三层下不来，有可能会出现眼高手低、好高骛远。刚才有同学说：学徒制的师姐用 8 个月就做了店长，那我要用 6 个月就做店长。很有志向、很有愿景。问题的关键是：你要下到下三层，看一下具备什么样的能力才能做店长；完成了什么行动任务、业绩达到什么标准、外界环境需要怎样的认可和支持，你才能做店长。空有一腔热血，没有强有力的行动也是无计与事。

我给大家分享了用逻辑层次图辅导学生的三个案例，就是想让学生在三个方面进行深化，一是，当自己缺乏内心驱动力时，要学会去上三层给自己赋能；问问自己的愿景、身份和价值观是什么。二是，到了上三层要记得让自己站位更高、格局更大一些，要走出自己的框架，想想为别人可以做些什么。三是，站位更高、格局更大还需要有执行落地的能力和具体的行动，以及外界环境的支持，否则就会眼高手低。

当然，对于我们很多学生，他们在自我状态下，思维还是经常在下三层的，除了容易去环境中找理由，也常常会不相信自己，从自己的能力上找问题。到底应该帮助学生培养哪些能力是需要我们老师心里要明晰的。这些年，我在指导学生职业发展规划以及个人成长过程中，感觉以下这 15 项能力是需要我们对学生重点培养的。

1. 解决问题时的逆向思维能力

面对工作中遇到的新问题，一时又找不到解决方法。而且，上司可能也没有什么锦囊妙计时，他们擅长用逆向思维方法去探索解决问题的途径。他们清楚具体业务执行者比上司更容易找出问题的节点，是人为的，还是客观的，是技术问题，还是管理漏洞。采用逆向思维找寻问题的解决方法，会更容易从问题中解脱出来。

2. 考虑问题时的换位思考能力

在考虑解决问题的方案时，常人通常站在自己职责范围立场上尽快妥善处理。而他们却总会自觉地站在公司或老板的立场去考虑解决问题的方案。作为公司或老板，解决问题的出发点首先考虑的是如何避免类似问题的重复出现，而不是头痛医头，脚痛医脚地就事论事。面对人的惰性和部门之间的扯皮，只有站在公司的角度去考虑解决方案，才是一个比较彻底的解决方案。能始终站在公司或老板的立场上去酝酿解决问题的方案，逐渐地他们便会成为可以信赖的人。

3. 强于他人的总结能力

他们具备的对问题的分析、归纳、总结能力比常人强，总能找出规律性的东西，并驾驭事物，从而达到事半功倍的效果。人们常说苦干不如巧干。但是如何巧干，不是人人都知道的。否则就不会干同样的事情，常人一天忙到晚都来不及；而他们，却整天很潇洒。

4. 简洁的文书编写能力

老板通常都没时间阅读冗长的文书。因此，学会编写简洁的文字报告和编制赏心悦目的表格就显得尤为重要。即便是再复杂的问题，他们也能将其浓缩阐述在一页 A4 纸上。有必要详细说明的问题，再用附件形式附在报告或表格后面。让老板仅仅浏览一页纸或一张表格便可知道事情的概况。如其对此事感兴趣或认为重要，可以通过阅读附件里的资料来了解详情。

5. 信息资料收集能力

他们很在意收集各类信息资料，包括各种政策、报告、计划、方案、统计报表、业务流程、管理制度、考核方法等。尤其重视竞争对手的信息。因为任何成熟的业务流程本身就是很多经验和教训的积累，用时可以信手拈来。这在任何教科书上是无法找到的，也不是哪个老师能够传授的。

6. 解决问题的方案制定能力

遇到问题，他们不会让领导做"问答题"而是做"选择题"。常人遇到问题，首先是向领导汇报、请示解决办法。带着耳朵听领导告知具体操作步骤。这就叫让领导做"问答题"。而他们常带着自己拟定好的多个解决问题方案供领导选择、定夺，这就是常说的给领导出"选择题"。领导显然更喜欢做的是"选择题"。

7. 目标调整能力

当个人目标在一个组织里无法实现，且又暂时不能摆脱这一环境时，他们往往会调整短期目标，并且将该目标与公司的发展目标有机地结合起来。这样，大家的观点就容易接近，或取得一致，就会有共同语言，就会干得欢快。反过来，别人也就会乐于接受他们。

8. 超强的自我安慰能力

遇到失败、挫折和打击，他们常能自我安慰和解脱。还会迅速总结经验教训，而且坚信情况会发生变化。他们的信条是：塞翁失马，焉知非福，或上帝在一个地方为你关上一扇门的同时，一定会在另一个地方为你打开一扇窗。

9. 书面沟通能力

当发现与老板面对面的沟通效果不佳时，他们会采用迂回的办法，如电子邮件，书面信函、或报告的形式尝试沟通一番。因为，书面沟通有时可以达到面对面语言沟通所无法达到的效果。可以较为全面地阐述想要表达的观点、建议和方法。直到让老板听你把话讲完，而不是打断你的讲话，或被其台上的电话打断你的思路。也可方便地让老板选择一个其认为空闲的时候来"聆听"你的"唠叨"。

10. 企业文化的适应能力

他们对新组织的企业文化都会有很强的适应能力。换个新企业犹如换个办公地点，照样能如鱼得水般地干得欢畅并被委以重用。

11. 岗位变化的承受能力

竞争的加剧，经营风险的加大，企业的成败可在一朝一夕之间发生。对他们来讲，岗位的变化，甚至于饭碗的丢失都无所畏惧。因此，他们承受岗位变化的能力也是常人所无法比拟的。在他们看来，这不仅是个人发展的问题，更是一种生存能力的问题。

12. 客观对待忠诚

从他们身上你会发现对组织的忠诚。他们清楚地意识到忠诚并不仅仅有益于组织和老板，最大的受益者是自己，因为，责任感和对组织的忠诚习惯一旦养成，会使他们成为一个值得信赖的人，可以被委以重任的人。他们更清楚投资忠诚得到的回报率其实是很高的。

13. 积极寻求培训和实践的机会

他们很看重培训的机会，往往在招聘时就会询问公司是否有提供培训的机会。他们善于抓住任何培训机会。一个企业，如果它的薪酬福利暂时没有达到满意的程度，但却有许多培训和实践的机会，他们也会一试。毕竟，有些经验不是用钱所能买回来的。

14. 勇于接受分外之事

任何一次锻炼的机会他们都不轻言放弃，而把它看成是难得的锻炼机会。并意识到今天的分外，或许就是明天的分内之事。常看见他们勇于接受别人不愿接受的分外之事，并努力寻求一个圆满的结果。

15. 职业精神

他们身上有一种高效、敬业和忠诚的职业精神。主要表现为：思维方式现代化，拥有先进的管理理念并能将其运用于经营实践中。言行举止无私心，在公司的业务活动中从不掺杂个人私心。这样，就敢于直言不讳，敢于纠正其他员工的错误行为，敢于吹毛求疵般地挑剔供应商的质量缺陷。因为，只有无私才能无畏。待人接物规范化，这也是行为职业化的一种要求。有了这种职业精神的人，到任何组织都是受欢迎的，而且，迟早会取得成功。当然，有了上述能力，不能保证一定成功，但是，如果没有这些能力，那肯定是无法获得成功的。

当学生经过大学期间的学习与成长，慢慢掌握了这15种能力，学生就具备了下三层成事的能力，也就为上三层的愿景、身份、价值观的确定奠定了牢固的基础。这个工具，我就分享到这里，期待大家学以致用、知行合一、身心合一，让我们的思维能在六个层次上下贯通，这样就可以既仰望星空、又脚踏实地！

第五章　工具 4：语言负转正

前几章分享了提升教师育人能力的 3 个工具，一是可以拓展思维深度的黄金圈法则；二是可以拓展思维广度的 AMBR 焦点管理；三是可以拓展思维高度的逻辑层次图。思维的改变需要日积月累、不断修炼。下面分享第 4 个工具——语言负转正。

想一想：思维和语言有什么关系？也许你觉得思维决定语言，没错！"言之无序、思之不存"。但语言反过来，也能决定人的思想，最终还能决定人的命运。

我很喜欢下面这几句话：

小心你的语言，因为它会变成你的思想；

小心你的思想，因为它会变成你的行动；

小心你的行动，因为它会变成你的习惯；

小心你的习惯，因为它会变成你的性格；

小心你的性格，因为它会变成你的命运。

所以呢，不是你在说话，而是话在说你，在说你的思想、你的格局；你的认知、你的心智、你的态度；你的知识储备、你的思维能力等等。

一个人的语言没有改变，他个人的修为就很难改善。要想提升自己，最现成直观的办法就是提升我们的语言。所以，现在就让我们从"语言管理"开始，希望通过标本兼治、内外兼修让我们和学生一起构建更加成熟的心智，获得更好的成长与发展。

学习语言管理中的一个比较简单易行的工具叫"语言负转正"。它说的是：我们可以将语言大体分为两种，一种叫"正向语言"、一种叫"负向语言"。正向语言带来正能量、高绩效、高成长；负向语言带来负能量、低绩效、低成长。"语言负转正"就是通过转换视角、心态、思维等，将负向语言有意识地转为正向语言，让正向语言更多地赋能我们的学习、工作和生活。如图 5-1 所示。

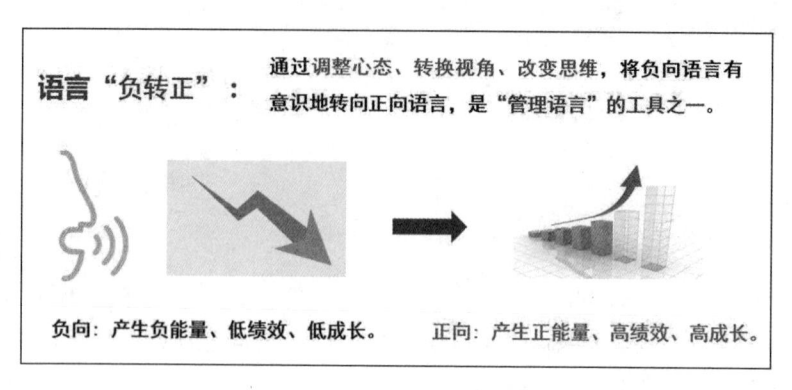

图 5-1 语言负转正工具

下面，选择几个案例和大家分享，一起来感受一下不同的语言带给我们的能量。

【案例 1】

因为堵车，没赶上飞机

负向语言：完了，完了，所有节奏都打乱了；疯了，抓狂。

正向语言：今天又有了一次新的体验，让我明白以后凡事一定要预留足够时间，应对突发事件，这样就不怕有意外了。

看看这是否是通过转换视角、心态，让坏事变成了好事？怎样才能让走过的路都算数？关键是我们从经历过的每件事中学到了什么。

【案例 2】

领导又改变了原定的工作计划

负向语言：领导怎么总是说了不算数呢，天天朝令夕改的，这样工作好难开展啊！

正向语言：现在的世界有太多的不确定，领导调整计划一定是因为情况发生了变化，调整计划可以降低风险，否则无功而返，我们损失会更大。

【案例3】
疫情期间要上网课，年纪大的教师很难适应

负向语言：上网课有人听吗？线下学生还不好好学呢，线上他们能好好学吗？

正向语言：疫情改变了世界，更不要说改变了我们的工作和生活，每个人都需要再出发，没准对我们自己和学生都是一个新的机会。

【案例4】
女儿读博压力非常大，每天总是要和妈妈吐半天苦水

负向语言：唉，我就是女儿的垃圾桶啊！

正向语言：没关系，我是女儿的加油站、避风港！庆幸她有什么都不藏在心里，都愿意和我讲。

这4个案例，是我在日常工作中遇到的、经历的，下边再看看，我指导学生运用语言负转正工具时，他们转换的经典案例。

【案例5】
做销售颜值要高

负向语言：对于我们做销售的人来说，这是个看脸的颜值时代，可我妈把我生得这么丑。

转正后的语言：如果天生长相难以改变，那我相信腹有诗书气自华，学习了语言负转正，我要让自己的"言值"超过颜值。

我们还可这样转：好看的外表千篇一律，有趣的灵魂万里挑一，既然如此，就感谢我妈把我生得这么有特色吧。

【案例6】
业绩指标年年加码

负向语言：今年我们门店完成了业绩指标，明年公司又会加码，没人会体谅我们。

转正后的语言：这是一个不进则退的时代，如果抱着今年业绩原地踏步，你觉得我们门店还能活多久呢？

【案例 7】

我真是太难了

负向语言：这份销售工作一直在加班，吃饭也不规律，健康都保证不了，我真是太难了！

转正后的语言：越是艰难处，越是修心时，越努力越幸福！当然，我得好好去适应和调整，平衡好工作和生活！

【案例 8】

要不要去竞选班长

负向语言：我可不敢去竞选班长，万一选不上，那可太没面子了。

正向语言：放心吧，就算没选上也没什么大不了的。努力了不一定成功，不努力、不尝试肯定不会成功。

看完这些案例，你有何感觉？是否理解了我们为什么要学习"管理语言"？对！语言是有能量的，它可以传播信息，更能传播思想。它可以带给人愉悦、激励和行动力；也可以给人带来烦恼、打击和无力感。

下面请大家思考一下，你平时的语言模式是什么样的？是带来正能量、高绩效、高成长的正向语言模式；还是带来负能量、低绩效、低成长的负向语言模式？你的语言模式又是如何形成的呢？

我曾访谈过我们零售行业内一些优秀职业经理人，他们说自己头脑中好像有了一个正向语言数据库，无论市场、门店、经营与管理上遇到什么不利条件和处境，都能从中调用正向语言，给自己和员工甚至顾客以力量、激励和鼓舞。大家想想看，这个正向语言数据库是如何形成的呢？

对！与他们的家庭、学习、工作的环境有关，也与他们看过的书、见过的人、经过的事有关，他们在此过程中积累和沉淀了很多的正向语言。现在你知道该如何优化自己的语言模式了吧？我想你一定希望自己的家庭、团队、班级等等都充满正能量吧？那我们就一起努力，从完善语言模式开始。

身边也有一些优秀的老师和我说：他们感觉自己头脑中并没有这个正向语言数据库，而是有一个自动转换器，遇负必转正。这个给我的感觉更厉害，他们大脑中好像有一个正向语言的算法！这个算法是什么呢？就是我们前面学过的思维工具。

第五章　工具4：语言负转正

前面我们学习了三个工具，它们是用来拓展我们思维深度、宽度和高度的工具。看看运用这些工具，是否可以帮助我们建立积极正向的语言模式？

先看第一个工具，可以帮助我们拓展思维的深度，找到事物本质，还能找到做事的动机和动力。就像危机，表面是危，本质一定会有机。

例如有人说：东方甄选把中国的直播带货搞得也太卷了吧，直接给我们学营销的高职生一个降维打击。

我们可以从中找到机遇，这样转正：东方甄选提升了中国直播带货的整体水平，给我们指明了方向，以后我们的学生也可带上老师教给的心智工具箱去直播带货。

再看第二个工具，AMBR焦点管理，"关注所向、力量所在""行有不得、反求诸己"！

我们需要引导学生，眼睛不能总是盯着负面的、消极的，那一张口不可能口吐莲花，极可能满嘴负能量。

不要看着谁都不顺眼，什么事都不顺心，要眼睛向内，先解决好自己的问题：你对了，世界就对了！

再看第三个工具，这个工具可以帮助我们提升站位与格局，让思维不会总是在最下层，整天抱怨外界环境。

例如有人说：开一家小店，无非是生活所迫，只为那碎银几两；开一家小店，就是养家糊口、荒度余生。

再看看下边的语言：开一家小店，贩卖人间美好；

开一家小店，温暖这个城市；

开一家小店，照亮你回家的路……

这个城市会因为有你更加温暖、更加良善、更加浪漫……

大家看一看，这些拥有正向语言模式的人，他们的工作和生活都是向阳而生，眼里有光、心中有梦，照见自己、照亮他人。走近他们，你就会感觉如沐春风。

说到这里，大家是否能感觉到，通过"语言负转正"这个工具，可以让我们理解语言的能量，形成自己特有的语言模式，通过管理语言来管理思想，改善思维，成为一个自带正能量的人，赋能自己，赋能他人。

最后给大家分享一个表达正向语言的简单方法，叫"动力词汇"。"动力比能力更重要"。人们经常会使用具体的词语描述他的意愿及该意愿会不会导致行为的发生。看看表 5-1 中的词汇：

表 5-1 相关动力词汇

必须	能	值得	将
尽力	不得不	也许	是
应该	可能	打算	允许
应该要	能够	假装	可以
假定	可能	敢于	将
必要的	不可能	决定	想要
需要	做不到	希望	选择
要	让	允许	愿意

在这些词汇中，一部分词汇关注的是"必要性"，而另一些则关注的是"可能性"。这些动力词汇可以帮助我们对自己、对他人的行动倾向进行判断。同时，可以通过有意识地运用更有能量的动力词汇帮助我们达成行动和目标。在自我觉察以及辅导学生的过程中，通过关注语言中的动力词汇能获得如下三种非常重要的信息：

①对人们产生激励作用，而且能令人享受这一过程的词汇。
②对人们产生激励作用，但并不能令人享受这一过程的词汇。
③使人们失去动力的词汇。

下面，我们通过一个案例来感受一下这个工具的运用。

【案例9】

寻找你的动力词汇

想一下，如果你要采取行动的话，加上以下动力词汇，然后去感受它给你带来的动力有多大？用 1—10 来打分；再感受它让你获得的享受有多大，也是用 1—10 来打分。

比如：我"想"做店长，现在的动力词汇是"想"，它产生的动力是多大？获得的享受是多大？换成其他的词汇多试几次，就能找到给自己带来最大动力和满足感的词汇。记住这个词汇，以后再要采取什么行动、达成什么心愿，在自己的词典中调出这个词汇，相信语言的力量，久久为功，它会帮你达成目标。

表 5-2　动力词汇分析表

动力词汇	产生的动力（有可能引发行为）	获得的享受（或行动有多大享受）
1. 必须		
2. 能		
3. 值得		
4. 尽力		
5. 不得不		
6. 可能		
7. 应该		
8. 打算		
9. 想		
10. 可以做		
11. 有必要		
12. 决定		
13. 需要		
14. 希望		
15. 愿意		
16. 选择		

通过这些案例，你是否感觉到语言是有能量的？"好的""一定会有办法的""没问题"，每天都能说出这种积极话语的人，他们的每一天都过得非常顺利，即使遇到了困难，他们也能够渡过难关。

相反，每天都嚷着"太糟了""太让人气愤了""没办法了"的人，遇到的挫折也特别多，运气也显得特别糟糕。

如果你看不清自己，那么，就试着看一下周边的人与事，你一定会发现人们都过着他们嘴上所说的人生！

我们经常发现跟钱有关的事情，这一点会很明显。每天叫着"没钱"的人，真的都是跟金钱无缘的人。这里最关键的信息不是"因为穷而没钱"，而是"天天说着没钱，所以穷"。

你必须要意识到，每天从自己嘴巴里说出的话拥有很大的威力，所以我们需要去改变自己的话语。

每天你所说的话，都给你的每一天指明了方向。这就是宇宙法则！

积极的语言才能把你带向美好的人生！

语言就如同把飞机带到目的地的自动引擎，只要按下按钮，它就一定能把我们带到目的地。

包括你自己的身体，你总是说自己不舒服你就会真的不舒服，不管得了什么病，在积极的药物治疗和营养修复过程中，必须保持积极的语言。

你嘴上说的自己，就是你自己！

看好的，听好的，说好的，做好的，就能得好的。无论你关注什么，都将会创造出你所关注的一切！

快乐成功的人每时每刻都会觉察自己在看什么、听什么、说什么、做什么。

你每个当下都在创造你的未来，你是这部电影的主演，这是你的人生，你自己说了算！

所以从此时此刻开始，让我们只看、只听、只说、只做美好的事物！每天对自己说对他人说：我多么幸运！我多么美丽！我多么智慧！我多么健康！我多么富有！我多么善良！世界多么美好！

面对工作和问题，永远只说"好的！""没有问题！""一定会有办法！"

不要怀疑，简单相信，不要动心机，只管这样去做！

下面的语言会指引你的生命：

你生命中所发生的一切，都是你吸引来的。

我想什么，我就能得到什么！

宇宙中最强有力的法则就是吸引力法则。

同类相吸。

思想会变成现实。

改变了思想，就改变了命运！

所有美好的思想都是强有力的，所有负面的思想都是脆弱无力。

主宰心灵的方法：静心！静心的力量极为强大！

我是自己思想的主人！我能完全立刻控制我的思想！

用持续的思想召唤！事情的起因永远都是思想！

感觉要好！增加对事物的渴望和感觉。

你拥有改变一切的力量！

思想与爱的融合，形成了吸引力法则不可抗拒的力量。

爱是宇宙中最伟大的力量，爱的感觉是最高的频率，如果能爱所有的事物和人，你的生命必将转变！

　　充满爱的思想——天下无敌！

　　生命中所发生的一切，都与你的目标相关联！

　　一旦你真正主宰你的思想和感觉，你就是你自己现实的创造者！

　　这个精彩非凡的宇宙能带给我们所有美好的事物，并暗中协助我们成就每一件事！

　　宇宙的声音："你的愿望，就是我的指令。"

　　你相信什么，就会看到什么。

　　你心里有什么，你才会看到什么。

　　心存美好是件非常重要的事。

　　宇宙喜欢快速行动，不要拖延，不要猜测，立即行动！

　　心想事成，有求必应。

　　强效的方法：感恩！感恩能转变你的能量，改变你的想法！

　　感恩的力量胜过其他一切。

　　为你已经拥有和想要拥有的事物感恩。

　　感恩什么就会得到更多什么，感恩越多，得到越多！

　　感恩的工作是最高的情商。

　　我说不出这股力量是什么，我知道它存在。

　　想象力就是一切，它是生命将发生之事的预览。

　　成功来自内在，而非外在。

　　我是吸引人的磁铁，我爱他人，他人也爱我，我每天都在爱与被爱。

　　"给予"是把更多金钱带进你生命最强效的方法。

　　用爱和尊重对待自己和别人，才能赢得别人的爱和尊重！

　　赢得人际关系：欣赏别人！不要抱怨！

　　焦点集中在爱上，就会有更多爱和喜悦回到你身上！

　　所有的压力都是由一个负面的思想开始的！

　　爱和感恩可以解除所有的负面性，并消除任何疾病！

　　笑，是最佳的良药！笑的时候可以释放所有的消极和疾病！

　　每个不愉快的思想，都是放进身体里的坏东西。

　　任何事物，专注它，就是在创造它！

　　富足的方法：想着富足，看着富足，感觉富足，相信富足！

没有什么不可能，不可能只存在你的心中！
宇宙中的一切都有能量！思想也是能量。
情绪是有能量的，可以为自己赋能，为他人赋能。
内在喜悦是成功的燃料。
越去使用你内在力量，你就会引出更多的力量。
你的生命完全由你自己来掌控。
积极的语言才能把你带向美好的人生

第六章　工具 5：成果框架

"成果框架"是我们提升教师育人能力工具箱中的第 5 个工具。前面我们学习了"语言负转正",从我的教学与学生辅导经验看,学生都非常喜欢这个工具,简单易行,它能将负向语言转化成正向语言、优化思维、提升心智、滋养生命,同时也会给日常的学习、工作和生活带来高绩效和正能量。

但这个工具用到深处和难处,学生会出现玩文字游戏,或"口是心非""言不由衷"的情况,这次课要由表及里进行深化,通过"成果框架"这个工具,将学习引向深入,从而实现言为心声、身心合一,进一步提升学生的心智模式。如图 6-1 所示。

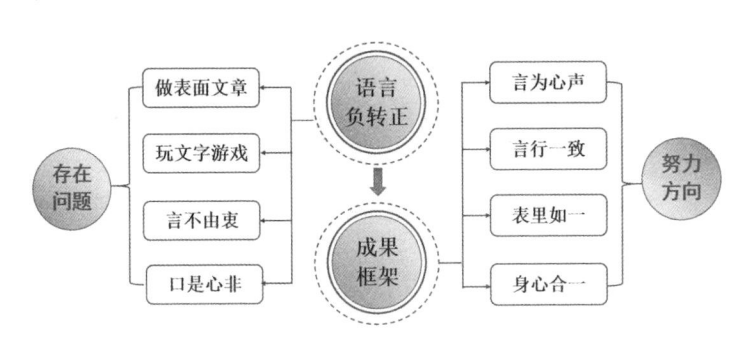

图 6-1　语言管理中的问题与对策

"成果框架"是指在我们日常学习、工作和生活中,将问题变为成果,将语言变为心声和行动的一个重要工具。如图 6-2 所示。

"成果"大家都很好理解,"框架"是一个框子,指其约束性;也是一个架子,指其支撑性。"成果框架"是指将负向语言变为"成果",应遵循的原则以及支持我们获得成果的关键因素。这个工具的核心是四个支撑要素:

一是遇负必转正,面对负面消极的语言或情绪,先问:你到底想要的是

89

什么？明确指向学生想要的，而非负面的不想要的，这是非常重要的一环，想要的往往是正向的；事实上，我们学生往往知道的是自己不想的，却说不出自己想要的是什么，这就要通过遇负必转正，进行训练。

二是自身要可控，通过教师的指导、支持与帮助，让每个学生对自己负责，要聚焦在"我可以做的事"上，这是可控的部分，对于不可控的要暂时放下，先看看自身可控的事如何做好。避免总是抱怨外界环境，其实这样的思维会非常低效。"行有不得"，首先应该"反求诸己"。

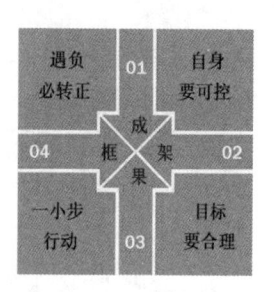

图6-2 成果框架

三是目标要合理，不要期望一蹴而就、一步登天、一举成名、一夜暴富，一定要树立长期主义的思想，确立符合自己和外界实际的目标。

四是先开启一小步行动，达成了，再继续前进，行而不辍，未来可期。

下面，我给大家先分享一个我做培训时的案例。

【案例1】

我们是公办院校……

有一次我给高职院校的一些中层做领导力与执行力的培训，培训结束进入互动交流环节，一个学校的二级学院领导问我一个问题：阚老师，我们是公办院校，体制机制决定，老师做得再不好，我们也没办法不要他，或者说没办法辞退他。

大家看一下，这无论是从语言还是心态，应该都不属于积极正向。我们需要运用成果框架的第一个支撑要素"遇负必转正"。

我就问他：那你想要的是什么呢？你想要的不会只想辞退老师吧？

他说：那肯定不是，我想要的肯定是老师们既愿意干活、又能干活。

看，一句话问下去，正向的就来了吧，这就是遇负必转正。

接着我又问他：怎样才能让老师们既愿意干活、又能干活呢？

他说：你看，老师加班，我又不能发奖金；老师要发展，想评职称和晋升，我也说了不算。我手上真没什么资源可以调动老师的积极性。

又是一句负向的语言，这时该怎么办呢？

我们需要动用这个工具的第二个要素"自身要可控"，于是，我问他：

给老师涨工资、发奖金；让老师晋升职称或者任职岗位，你可控吗？

他说：就是因为不可控，我才感觉无能为力啊！

我说：对于你我都不可控的事情，我们在这里讨论它有什么意义吗？我们是否应该调整关注的焦点，问问自己"我可以做的是什么？我可控的是什么？"先把我们可控的事情做好，这样才更有利于事情的发展。

让老师愿意干活，一定都需要钱吗？尊重是否有用？关心、帮助、肯定、鼓励，特别是信任等，这些是否有用？这些基本都不需要钱，恰恰这些正是老师非常需要的，而且也正是我们可控的，我们自己可以做到的。

那如何让老师能干活呢？他又说了：我又不像你阚老师那么擅长做培训，我怎样才能培养他们尽快成长呢？其实我的精力也是有限的，也不可能每个老师都手把手地去交，但我可以给他们安排师傅传帮带他、可以通过学校的培训来提升，还可通过项目平台让他们得到锻炼，而这些我们还是有一定可控空间的。

接下来，我就和这个院长说，先定一个合理的目标，然后再开启一小步行动。现在学院有多少老师是不愿意干活，有多少是不能干活，减少一个是一个，动员一切可以动员的力量，行而不辍，未来可期。

这个工具用于解决学生负面的语言、心态和相应的问题特别好用，下边我再分享两个辅导学生的案例，来帮助大家进一步理解并能很好地去运用这个工具。

【案例2】

宿舍同学不做卫生

学生：老师，我们宿舍有个同学是其他班的，很不讲卫生，也不按值日表去做卫生，影响环境还影响宿舍的团结，和他讲了也没用，我们都烦死了。

教师：对于这个问题，你们最想要的是什么？

学生：希望这个同学能讲卫生、做卫生，我们宿舍能环境整洁，大家生活很开心啊。（这样就实现了负转正，从学生不想要的负面的转向了想要的正面的。）

教师：我感觉这是两个问题，一是希望这个同学能讲卫生、做卫生，二是宿舍能环境整洁，对吗？

学生：老师，这就是一个问题，我们宿舍其他人都很好，如果这个同学能讲卫生、做卫生，宿舍环境整洁就能保证。

教师：我们学过成果框架，对于改变这个同学，你们可控吗？我们还学过 AMBR 焦点管理，问题的关注点可否调整一下，进而心态和行动也会调整，结果就不一样呢。

学生：嗯，成果框架让我们着眼于自身可控的；AMBR 焦点管理让我们眼睛向内，我们只能改变自己，很难改变别人，真能改变别人，也一定是改变了自己和他相处的方式。好，那我和宿舍同学商量一下，看有什么办法？

老师：等你的好消息。

……

学生：老师，我们决定他值日那天，是我们宿舍的集体大扫除日，大家一起动手搞卫生。

老师：你们认为他会参加吗？

学生：我们不知道，感觉也没关系。我们宿舍的一个同学和我们讲了他兼职时的一个事情：有个人工作时总是偷懒，能不做就不做，他的主管说，你不愿意做，没关系，接下来一个星期你什么都不要做。结果，一个星期后这个人主动说自己错了，他不干活比干活还难受。

老师：很好！如果能让这个同学也加入你们，是否宿舍会更融洽，大家更开心？

学生：老师，我们争取吧，我们选择适当的时候，邀请他一起和我们大扫除吧。

老师：好的，一个人的习惯是多年养成的，大家对他有些耐心，更友好一些行吗？别指望一次就能解决问题，只要他能改善，就给他以鼓励，好吗？

学生：好的，老师，我们会尽力去做的，我们突然感觉能帮助别人是一件很开心的事。谢谢老师！

【案例3】

我不喜欢学习，也不喜欢工作

我有个学生上课不是玩手机就是睡觉，下课后我让他找我聊聊。

他说：老师，我不喜欢学习，就去做兼职，但是去做了兼职，发现工作更累，更难，我都不知道自己要做什么了，挺困惑的。

这句话无论从语言还是心态上看，都是负向的，如何帮他转正呢？

请注意："你到底想要什么呢"这是我们实现负转正的重要一环，人内心最想要的往往是正向的。

所以，我问他：学习是你不想要的，工作也是你不想要的？你都18岁了，你到底想要什么呢？

这个学生说：老师，我就是不知道想要什么才来问你的。

这一轮下来，遇负必转正没实现，没能拿到那个正向的成果。

我接着又问：那你现在的状态是什么？

学生说：我很迷茫。

又是一句负向的语言。

我马上问：迷茫的反义词是什么？

学生说：清晰啊！

我问：那你到底想要清晰的什么？

他说：清晰的目标和行动吧！

这样就实现了负转正，成果就有了，接下来就是围绕"清晰的目标和行动"，看看如何才能让他得到这一成果。

经过沟通，这个学生说：我的目标是毕业后留在大城市工作，但他又说竞争太激烈，房价太高。

你看，他说的这些都是外界不可控的东西。这时我开始使用"自身要可控"这个要素来支撑。

问他：竞争激烈、房价高企，这些外部因素你可控吗？老师可控吗？我们在这里讨论这个谁都不可控的问题，你认为有意义吗？

记住这里要问一句话：为了实现你的目标，你可以做的是什么呢？要聚焦在"你可以做的事"上，这是可控的，对于不可控的要暂时放下，先将自身可控的事做好。

接下来就引导他：目标要合理、开始行动先一小步。不能幻想一蹴而就、一步登天、一夜暴富、一举成名，一定要抱着长期主义的思想，静下心来，笃定前行。

【案例4】

我不喜欢我的店长

这是一个在门店实习的学徒班的同学，刚下店实习一个月就要求调店。

我问他为什么？

她说：老师，我不喜欢我的店长，他不认可我，也不耐心地指导我，我想换一家店实习。

我说：你不想在这个店长的手下工作是吧？那你真正想要的到底是什么？换到其他店就一定会遇到你喜欢的店长吗？

她说：其实我更想要的就是店长的认可、店长耐心的指导。

显然这个同学想要的不是一个新店长。她想要的是店长的认可及店长耐心地指导。这就将她负向的语言变成了正向的成果，怎么帮她得到这个成果呢？

大家想一想，你能让店长为你改变吗，还是你为店长改变呢？对！"行有不得、反求诸己"。

这时我问她：你现在不太接纳你的店长是吧？假如，只是假如哈，当你真的百分百接纳了店长的时候，你现在工作的状态会与以前有什么不同？

学生说：那我肯定是工作更有干劲，也更开心吧。

老师：工作更有干劲，也更开心会给你带来什么呢？

学生：业绩会更高，我会更有成就感啊。

老师：嗯，这个感觉很好！想一想，那时你的店长会对你如何呢？

学生：嗯，我想会认可我，不再对我那么挑剔吧。

老师：这是不是你想要的？

学生：是啊，店长要不是这么挑剔我，估计我也不想调店。

老师：当你百分百接纳你的店长的时候，她会有什么感受？

学生：嗯，想她会愿意多教我一些东西，也有可能对我会更耐心一些吧。

说到这里，你发现问题是不是就变成果了？接下来就可探讨：如何让这个学生拿到成果？对，定一个合理目标和一小步行动。

我让她现在对店长的接纳度用刻度尺打个分，她说是 5 分，的确比较低。她同意坚持 21 天用成果框架这个工具打卡，目标是对店长的接纳度达到 8 分，一小步行动是服从店长工作安排，从认真捡烂果开始。在水果店捡烂果是一项很重要的工作，因没有多少技术含量，这个学生原来是非常不愿意做的，现在他愿意改变自己。

大家想不想知道，这个学生后来的情况？在老师的帮助下，她 21 天一个周期，21 天一个周期，不断实现小目标，一年下来，汇聚成了一个大目标，她已经成功做店长啦！

说到这里，我们看看"成果框架"中关于"目标要合理"这个因素。什么样的目标才算是合理的呢？

关于目标管理有一个"SMART"的原则，需要我们执行，如图 6-3 所示。它是一个可以将想法变成具体目标的一个工具。

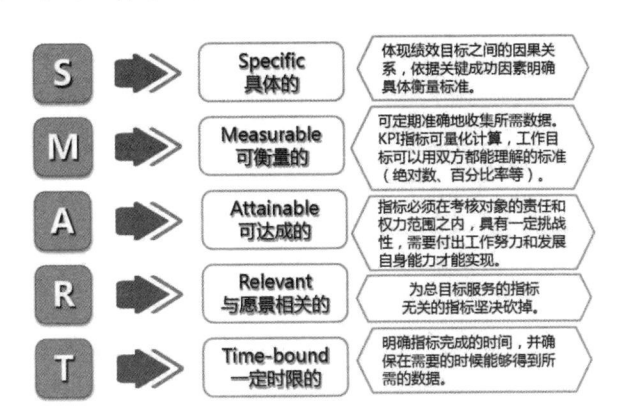

		说明
S	Specific 具体的	体现绩效目标之间的因果关系，依据关键成功因素明确具体衡量标准。
M	Measurable 可衡量的	可定期准确地收集所需数据。KPI指标可量化计算，工作目标可以用双方都能理解的标准（绝对数、百分比率等）。
A	Attainable 可达成的	指标必须在考核对象的责任和权力范围之内，具有一定挑战性，需要付出工作努力和发展自身能力才能实现。
R	Relevant 与愿景相关的	为总目标服务的指标无关的指标坚决砍掉。
T	Time-bound 一定时限的	明确指标完成的时间，并确保在需要的时候能够得到所需的数据。

图 6-3 确定目标的 SMART 原则

SMART 原则是指确定目标应该符合五方面的要求：

S：Specific，目标必须是具体的；

M：Measurable，目标必须是可以衡量的；

A：Attainable，目标必须是可以达到的；

R：Relevant，目标必须和自己的愿景具有相关性；

T：Time-bound，目标必须具有明确的截止期限。

我们在辅导学生时，经常听学生讲：老师，我回去后一定好好学习！这是很美好的愿望，有时只是一句口号，如何才能落地为行动，首先要根据 SMART 原则确定目标。我们可以问学生这些问题：

做到了什么，你就觉得自己是好好学习了？

好好学习后，你发现相较过去自己有了什么变化？

有什么具体的目标可以说明你好好学习了？

你做到什么，就让自己知道已经达到目标了？

这些目标，你跳一跳是可以达到的吗？

这些目标确实都是你想要的吗？能帮助你实现自己的愿景，成为想成为的那个人吗？

你为这些目标确定的截止期限是哪天？

上述问题，可以帮助学生确定合理的目标，将愿望变成行动。在此基础上，让他开启下一步，一步步达成自己的目标。这样学生就可以从最初的一个负向语言或负向心态，通过成果框架这个工具一步步由负向转为正向，再将正向的一个想法转化为目标和行动，最终收获让自己成长的一个成果。

第七章　工具6：情绪管理ABC

"情绪管理ABC"是我们提升教师育人能力工具箱的第6个工具。前面我们学习了关于思维管理和语言管理的工具，现在我们学习情绪管理工具。

对于我们做教育的老师来讲，"亲和力"这一要求谁都不陌生，但是否想过：无论是日常的课程教学评价还是参加教学能力比赛，为什么对教师这个职业的亲和力有特别的要求呢？没有亲和力就不能进行"传道、授业、解惑"了吗？当然可以，但是效果会大打折扣。为什么呢？

我们的大脑由本能脑、情绪脑和理智脑构成，如果我们不能解决好学生的情绪问题，理智脑就难以发挥其应有的作用。所以师生的关系、学生之间的关系、课堂上教师营造的氛围等等直接影响着学生的情绪，进而影响学生理智脑的运作，最终影响学生的学习效果。所以，教师在"传道、授业、解惑"之前、之中与之后，对学生情绪的关注需要一直在线。

在教学过程中，我发现学生对于情绪把控不好的大有人在，他们也非常需要老师的情绪疏导。帮助学生改善情绪、提升情商是我们教师育人的重要内容。

情绪会与我们的身体发生互动反应，我们可以引导学生通过管理身体来管理情绪。比方跑步健身都会给情绪带来积极正向的影响，甚至有人说：健身可以救赎一切。当然我们还可以通过视觉、听觉、味觉、嗅觉、触觉等来调整我们的情绪。如看看风景、听听音乐、尝尝美食、闻闻花香、接触大自然等都可以很好地滋养我们的心灵、抚慰我们的情绪。

这一章我们要讲的这个工具说的是情绪与思维发生的互动反应。下面看看思维是如何影响人们情绪的。这里有个很有用的工具叫情绪管理ABC，具体如图7-1所示。

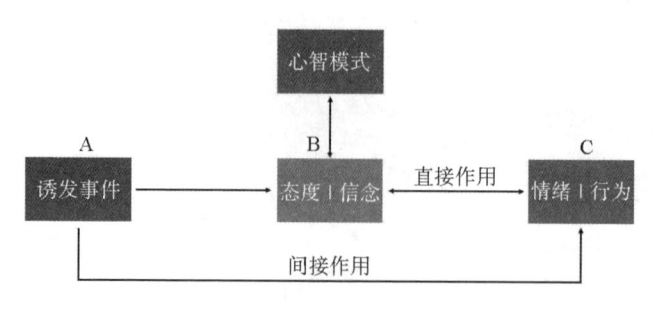

图 7-1　情绪管理 ABC 工具

A 表示诱发性事件或情境或事实本身；

B 表示针对这一诱发性事件产生的信念，也就是对这件事的一些看法、解释；

C 表示自己的反应，即产生的情绪和行为的结果。

通常我们可以看到事件 A 和反应 C，但是觉察不到潜在的信念或自己的解释（B）。我们会认为是事情本身引发了情绪反应，但事实上是我们对事情的信念以及解释才是真正诱发情绪的原因。这个工具告诉我们：人不是为事情困扰着，而是被对事情的看法所困扰着。

下边，通过几个案例，和大家分享情绪管理 ABC 这个工具。

【案例 1】

班风不好的原因

我上课的一个班是学徒制的班级，第一次上课下来，感觉这个班的班风和学风都不尽如人意，同样一门课的教学进程和效果，都达不到其他班的水平。下课后我就找这个班的班长，想和他聊聊。

我说：阿杰，你是班长，老师很愿意和你一起努力，想办法把我们班的班风建设好。

结果这个班长说：老师，您也感觉我们的班风不好是吧？我们班不是一开始就这样的，就是老师和学生干部都看不起我们学徒制班，所以很多学生才自暴自弃的。

我问他：发生了什么事？你们为什么会有这样的感觉？

班长说：学校举办迎新晚会，我们班第一个在体育馆门前集合好，却让我们班最后一个进场，为什么我们是最后一个？如果老师和学生干部看得起我们，会让我们最后一个进场吗？

我说：我很理解你们的心情。如果你是老师或学生会干部，你会把哪个班排在最后呢？

学生：嗯，我也知道总会有一个最后进场，那为什么一定是我们？我们班是第一个集合好的啊！

老师：将你班排在最后，你感觉是老师和学生干部看不起你们，你觉得这是事实还是你们的自我想象？

学生：我们感觉是这样的。

老师：如果把非学徒制班排最后，也是因为老师和学生干部看不起他们吗？

学生：那应该不会。

老师：那你再想想，你们的烦恼和郁闷是来自事实本身还是来自自己的想象呢？如果来自自己的想象，为什么让不是事实的事情困扰我们呢？

学生：老师，那万一是事实呢？

老师：如何证实它是事实呢？你去找一个可以信任的学生干部去了解一下，看入场是怎样排序的？了解好后，下一次课告诉我好吗？

下一次课，我还记得这个事，就找这个班长进一步了解情况。

班长说：老师，我问清了，入场顺序是按学校的班级花名册顺序安排的，是我们想多了。

其实，听了这个学生的话，我心里还是咯噔了一下，我很是担心，学校的花名册是将高考进来的学生排在前边，将学徒制班排在后边，这样肯定会影响学生的情绪。结果这个班长告诉我，是他们想多了，花名册的顺序是随机的，也有的学徒制班是在前边的。这时我问他：

老师：那你们的情绪是否好些了？

班长说：如果让我们先进场，我们情绪会更好，大家会更自信。

老师：那就试着去和老师沟通一下，也许下一次会有这个可能呢？

学生：老师，有这个可能吗？

老师：你不去试，怎么知道没可能呢？

过了几天，这个班长告诉我，他们经过争取，后来大型活动班级的入场顺序，都是轮流进行，他们有时也会是第一个进场，从此，这个班的同学变得开心起来。

下面分享第二个案例。我在学生培养的过程中，常常会纠结于一个问题，到底对学生应该更严厉一些？还是更慈爱一些？是多肯定表扬还是多批评、指出不足。俗话说：严师出高徒。如果对学生总是肯定表扬，他们进入企业和社会就会难以适应，抗挫能力就会很弱。后来，我找到了一个对策。

对于我校上高职的绝大部分学生来说，他们没有考上本科重点大学，在高中不是班上的佼佼者，学生初入大学需要得到鼓励、肯定，帮助他们建立自信；但到了二、三年级，我就会逐步训练他们的心理承受力，特别是对于一些比较优秀的学生，会更加严格，也会批评得更多。

【案例2】

批评我就是否定我

有一次，一个非常优秀的学生叫张靓，在班上练习使用情绪管理 ABC 这个工具时，和我们分享了她在我的课堂上的一个经历。她如果不分享，我还真不知道她的内心感受。

她说：有一次在老师的课堂上，同学们进行项目完成情况汇报，她准备得非常充分，感觉自己的表现很精彩，同学们也纷纷向她投来了赞许的目光，可老师当时没有任何表扬，只是淡淡地说："大家给她轮流反馈吧，请提出质疑和修改意见。"当同学们提不出什么尖锐的问题后，老师就一针见血地指出了她项目设计与实施存在的问题，并对大家说：张靓是我们班非常优秀的学生，大家一直都在表扬她，你们是不是认为她的水平就只能到这里，没有更大的进步空间了，是吧？

当时，大家陷入了安静之中。在老师的引导下，纷纷给张靓提了很多的建议和意见。

张靓清楚记得我在临下课时说：你们来这里学习只是为了听表扬的吗。如果我只是表扬你们，那我其实也是在说："你们只是到了这个程度了。我不停地批评你们，挑战你们，是相信你们完全可以做得更好。"

在学习了情绪管理 ABC 后，张靓似乎顿悟了，曾经老师经常批评她，让她觉得"难堪"，她总是觉得老师不认可她，甚至痛恨老师这么冷漠无情。但这一刻她明白了我的良苦用心。

她说：老师批评我，挑战我，是因为老师相信我可以做得更好。情绪管理 ABC 告诉我们，面对同样的批评，当我们理解了背后的用意，我们的情绪完全不一样。

面对批评，我们可以认为："你批评我，就是在否定我，在质疑我！"

面对批评，我们也可以认为："你批评我，是完全相信我可以做得更好。"

正是因为不同的解读，带给了我们不一样的情绪，更重要的是带来了不一样的成长。

从上述事例，不难发现：我们常常受困的不是事情本身，而是我们看待事情的视角和心态。

学生在成长过程中，以及在学习和生活中，会出现这样的情绪问题，我们老师就不会吗？我的名师工作室中有一位学员，40岁了，还是个校级名师，心智应该是比较成熟了吧，她和我们分享的一个案例，让我们忍俊不禁。

【案例3】

我哪里得罪了他啊

有一天，我们这位名师在办公楼的楼道碰到校长，她热情地打招呼，李校你好！结果校长看都没看她一眼就走过去了，她回去就想啊，我是哪里得罪了校长啊，他为什么不理我呢，结果她越想越郁闷，下次见到校长，也不理校长了。几次之后，有一天校长就主动招呼她：小刘你最近还好吧，怎么几次见到你都情绪不佳呢？结果小刘就和校长说出了实情。校长听完哈哈大笑，说抱歉抱歉啊，我那天一定满脑子都是事，肯定是没听见没看见哈。

我们再想想，如果你去财务处报销，工作人员说有张单据有问题不能报，我们有老师就开始想了：我是哪里得罪了她啊，她为啥刁难我呢？还有我们去人事处或其他部门申请盖章，没盖到，也有人会想，她们为啥这么折腾我呢，于是就不开心，心生不满和怨气。其实在很多情况下，我们很难影响A，但在大多数情况下，我们是可以通过思维改变B，而B能够直接影响到C。通过改变B，我们就能改善情绪，从而收获更多的幸福和快乐。

当然，有人会说，那个A诱发性事件就是事实，不是我的想象，那应该怎么办呢？每个人、每件事的出现，都不是无缘无故的，有问题解决问题，我们需要抱着行有不得、反求诸己的心态去对待每天发生的人与事，而且越是艰难处，越是修心时，相信我们的心智会更成熟，心态会更平和，情绪会更稳定、心情会更愉悦。

下面再看看，我们学生在迎新晚会入场排序上出现的情绪冲突，是怎样在老师的指导下运用情绪管理 ABC 进行化解的。

【案例 4】

情绪 ABC 分析工具（范例）

该表将情绪 ABC 分析进行流程化，通过情绪辨析、情绪测评、情绪分析、情绪调整四个步骤，最终找到新的、合理的信念 B，从而改善我们的情绪。

表 7-1 情绪 ABC 分析工具

量表编号：wl01　　　　　　　　　　　　　　　　　　　2022 年 04 月 06 日

姓名编号	01	性别编号	B	年龄	20
情绪问题类别	属于学习、班级建设方面的情绪问题					
情绪状态主诉	老师和学生干部都看不起我们学徒制班，很多学生感觉没有受到重视，情绪难过、无奈，就选择自暴自弃					
注意：以下部分请在安静无打扰的环境下填写，请以第一印象为准；情绪测评为 1—10 分							
1. 情绪辨析	通过对来访者声音、语言的观察，我们能够辨析他的情绪是：不满的，难过的					
2. 情绪测评	实验前	5		实验后	8	
3. 情绪分析	A-事件	学校迎新晚会，我们班第一个集合好，但我们班最后一个进场				
	B-信念	老师认为我们不重要，看不起我们				
	C-情绪	不满意、难过、自暴自弃				
4. 情绪调整	B1-新信念	可能是我们班级自己想多了，这只是一种感觉，并非事实				
	B2-新信念	老师是按照班级的顺序进行的，并不是按照重要程度来安排排序的				
	B3-新信念	总会有班级排在最后，可以下次和老师商量考虑先入场				
温馨提示：1. 情绪问题类别主要分为学习、工作、考试、恋爱、人际关系等；2. 为了更好地解决您的情绪问题，请尽量真实地描述；3. 我们会保护您的个人隐私，请放心参与实验							

第八章　工具 7：与人共情

提升教师育人能力工具箱中的第 7 个工具是"与人共情"。前面我们学习了情绪管理 ABC 工具，如果说这个工具主要用于处理和改善自己的情绪，那"与人共情"，就主要是用于理解、处理和改善他人的情绪。

"共情"也叫"同理心"，是指一种能设身处地体验他人处境，从而达到感受和理解他人情绪、情感的技术或能力，在我们的课程中将其作为一种工具，提升我们教师育人能力。

下面，我先举一些例子，让大家感受一下共情带给人们的力量。

当事情发生时，人都会产生某种感受，或某种情绪，你应该如何与他人共情呢？

【案例 1】

他人遇到惊吓时的共情

当有人遇到惊吓的时候，表现出很惶恐的情绪，你应该说些什么呢？

有人会说：没事的，不用害怕，没什么大不了的。

还有人会说：没啥事，不值得这么大惊小怪哈。

但是懂得共情的人就会说："哦，你肯定吓坏了吧。"对方受到惊吓的心绪得到理解，就能慢慢平稳下来。

【案例 2】

他人不开心时的共情

有人遇到不开心的事情的时候，表现出生气郁闷的情绪，你应该如何与之共情呢？

有人会说：不要和这样的人一般见识啊，不要拿别人的错误惩罚自己哈！

甚至还会有人说：行有不得，反求诸己哈！先反思一下自己有什么问题啊！

但是懂得共情的人就会说："你一定气坏了吧？""你觉得受到了不公平的对待，是吗？"你会看到对方的气愤慢慢会减弱了。

【案例3】
他人累得不想动时的共情

遇到他人累得不想动的时候，表现出非常疲倦，情绪低落，这时你应该如何与之共情呢？

有人会说：不怕，再坚持一下挺过去就好啦！

甚至还会有人说：你这体力太差了，平时一定要加强锻炼哈！

但是懂得共情的人就会说："今天事情这么多，你一定是累坏了吧，辛苦啦！"对方会感激地看你一眼。

【案例4】
他人遇到高兴事情时的共情

遇到他人高兴的事情，喜形于色，溢于言表，这时你应该如何与之共情呢？

有人会说：沉住气，不要高兴太早哈！

也有人会说：别太高兴哈，会乐极生悲的！

但是懂得共情的人就会说："这事让你很开心，我都替你开心。"我相信，对方会更开心的，也会觉得你是一个可以分享成功与快乐的人。

通过上边的这些例子，大家有何感悟呢？不懂共情的人说的就是错的吗？这里不是对错的问题，而是当我们面对他人的情绪，如何理解、支持、安抚、帮助的问题。你说的话本身没错，甚至很有道理，但时机不对，现在不是讲道理的时候。因为当一个人是情绪脑在主导，他的理性脑是基本不起作用的，这时讲道理是没用的，甚至还会起到相反的作用。

比方说：我女儿在读博时，她的导师是世界社会学"大牛"，且要求严苛。每每经历自己的论文被导师批的体无完肤，她就会情绪非常低落地向我倾诉。我原来也不懂共情，就给她讲道理，告诉她：适应你不能改变的，改变你不能适应的，如果既适应不了，也改变不了，就选择离开。真的读不下去了，没关系啊，可以尽早找份工作，人生一样可以精彩。结果，我的一番话让女儿更焦虑。起初我还在想，为什么这句话讲给我的学生听，他们是那么入脑入心，怎么到女儿这里就没用了呢。这是因为，我是在课堂上讲给学生听，那时他们理性脑在线，没有特别的情绪要处理。而女儿和我倾诉时，她是带着巨大的心理压力和焦虑的情绪，我要做的首先是要解决她的情绪问题，与之共情而不是讲道理。

我们经常听到两个人吵架时，有人会说，你这个人不可理喻，不讲道理。说的就是当一个人被情绪脑主导时，是听不进任何道理的。

那我们看看，与人共情有什么比较简单的方法可以掌握吗？其时，掌握相关的语言模式，一定会大有帮助。在学习第4个工具语言负转正时，我们曾说过：不是你在说话，而是话在说你。一个人的语言没有改变，他个人的修为就很难改善。要想提升自己，最现成直观的办法就是提升我们的语言。

下面就是共情时经常使用的几种语言模式。

第一种：表达对人情感的理解

"你现在的感受很无奈是吧，换了我可能更郁闷。

"你感觉很委屈是吗？我能理解你的心情。

"我知道这种事处理起来很难，你真是不容易啊！"

第二种：表达对对方意图的理解

"你想说的是你并不是在乎拿到多少钱，你在乎的是自己的付出能得别认可对吧？"

"你现在最希望的是他能够承认错误，当面道歉是吧？

"我理解你的想法，我知道这对你很重要。"

第三种：以具体的行为表达对他人的关心

"你需要我帮你去和他沟通一下吗？"

"你看我能为你做些什么，让你感觉好受一些呢"

"我陪你出去走走，换个心情好吧？"

第四种是：表达不同观点的方法

"我还有一些新的想法，不过我感觉你的话也很有道理……"

"我有一点不同看法，不过你的观点挺新颖……"

"我们的观点不同，但可以理清我们的思路，激发我们的灵感。

以上这些句式，会帮助我们迅速地进入共情的状态。当然面对不同的人、不同的情境，我们还需要具体问题、具体分析，要坚持共情的基本原则：就是设身处地地"看他人之眼所看、听他人之耳所听、感他人之心所感"。如果缺乏真诚和内在的共鸣，这些语言模式就会成为套路，不仅刻板，还可能让人感觉虚伪。

比方说，一个年轻妈妈带孩子逛街，给自己挑选衣服，小孩哭闹着总是让抱，妈妈很烦躁，不由得训斥了两句，孩子便倒地痛哭。如果你是这个年轻的妈妈，你会怎么办呢？

此刻是否可以理解了孩子的感受，接下来应该如何安抚孩子的情绪呢？大家想想，什么是共情？就是设身处地地"看他人之眼所看、听他人之耳所听、感他人之心所感"，你想想在节假日摩肩接踵的人群中，孩子看到的是什么，往往是大人们的大腿和屁股，听到的是嘈杂的声音。你能体会他的感受吗？

下面我们通过一些有具体背景的案例进一步来说明"共情"工具。在这里我们借用武志红老师讲过的两个例子。

【案例5】

你是不是很讨厌他？

一个初中生转学到一个新学校，一开始不太适应。有一次，放学回来，跟妈妈吐槽班里的一位同学。

妈妈听了，问道："你是不是很讨厌他？"

孩子点了点头，随即盘点出这位同学的一系列槽点。

妈妈继续在一旁添油加醋地说："他这么可恶，应该全班同学都很讨厌他吧？"

孩子沉思了一下："好像也不是，他还是有一些好朋友的。"

妈妈诧异道："噢？这么可恶的人居然还有朋友，凭什么？"

孩子想了想，随即说出了这个人的一些优点。完了，孩子还补充了一句："其实他平时对我还是挺好的，只是他今天实在太过分了！"

几天过后，孩子居然邀请那个同学来到家中，因为他发现自己原来误会对方了，想请对方玩几局游戏作为补偿。

可以看到，这位妈妈对儿子的共情，更像是当孩子成长过程中遇到挫折时，父母所能做的一种顺势引导。它基于一个前提：在跟同伴交往的过程中，每个孩子都有联结友谊、修复关系的潜力，我们需要用接纳的态度，帮他们发掘出来。

我们再看一个例子，也是一位妈妈。她的女儿在辅导班上课很不专心，成绩越来越差。为了纠正女儿，妈妈伤透了脑筋。可无论她怎么批评和责罚，都没有用。直到有一天，女儿不经意的一个问题，让她陷入了沉思。

【案例 6】
如何与成绩越来越差的女儿共情

女儿问她："妈妈，为什么大人周末可以躺在家里看电视，而小孩却要继续上课呢？这不公平呢。"

妈妈愣了一下，脑子里不由自主地蹦出两个字：是啊！她想起自己小时候，最大的乐趣就是周末可以放下学习，痛痛快快地跟小伙伴玩一整天。包括现在的自己，最大的盼头也是周末可以放下工作，好好放松，因此很反感周末加班。想象一下，如果周末还被上司盯着去工作，她估计会立马辞职。

突然之间，她仿佛有点理解了，为什么她越要求女儿马不停蹄地学习，女儿的学习就越不好。因为女儿弱小的肩膀需要同时承载两份沉甸甸的负担——来自学习的压力和来自妈妈的苛责，从而导致不堪重负，无法专心学习。

痛定思痛，妈妈做了一个"疯狂"的决定。那个周末，她放下所有的负担，按照女儿的意愿，两人一起去游乐场痛痛快快地玩了两天。之后，当女儿再出现厌学情绪时，她不再像之前那样去苛责女儿，而是先在情感上去认同孩子。

"哎呀，妈妈也很讨厌上班呢，要不你别上学了，妈妈也不工作了，我们一起坐吃山空，然后上街要饭吧。"

话语一落，女儿就会忍不住"咯咯咯"笑出声来。

"啊……我才不想上街要饭呢，我还是好好学习吧。"

从中不难想象，当妈妈不再只是给孩子讲道理，或去指责、批评孩子，而是以猪队友的姿态陪着孩子一起"摆烂"时，母女之间的隔阂会越来越少，距离会越来越近。

当女儿发现"原来妈妈也跟我一样"时，她会在情感上获得一种共鸣和理解，减少对妈妈的抵触。

当女儿发现"原来妈妈也存在局限"时，她会逐渐放下对妈妈的期待，转向依靠自己解决生活难题。

当真正体验到"自己为自己负责"以后，女儿的学习态度开始好转，成绩慢慢取得进步，也不再需要每个周末都去补习班了。所以你看，许多时候父母一个姿态的转变，成人眼中的"问题"，反而变成了孩子成长的"契机"。

"共情"这个工具让我们的学生深有感触，以往他们在顶岗实习中，面对一个暴跳如雷的投诉顾客，常常不知所措。当他们学习了共情工具后，就会说出一句"先生，我知道您现在很愤怒，你希望得到很好的服务对吧？我很理解你现在的心情"，这时顾客一定会感受到自己的情绪被接纳，愿意理性地面对你们解决问题的办法。

还有，当他们购买的商品有问题，客服又很不耐烦，学生会说出一句"我知道你们很辛苦，每天面对这些问题也很烦，但我真的期待你的帮助"，客服的态度就会有所改变。

下面这个案例就是学生在岗实习过程中遇到与客户、店长、同事等的问题后，用共情工具很好地进行了处理。

【案例7】

与他人共情分析（范例）

表8-1　与他人共情案例背景

背景	想法	情绪	行为
处理客户退货问题，与顾客发生争执	自己太笨了，这点事情都处理不好/顾客就是故意欺负我这个新人	忧郁、生气、难过	哭泣、不想说话
店长因为误解狠狠地批评了我	店长对我有意见，是故意针对我/我的能力是不是不行，店长看不起我	无奈、郁闷、自卑	委屈、想哭
同事做事效率低，态度也不好	同事是故意给我难堪/同事想拖我后腿，让我被批评	生气、恼怒	拒绝交流

根据上面的案例背景情况，运用尊重、观察、思考和融入四步法进行共情分析。

表8-2 与他人共情四步分析法

尊重	观察	思考	融入
顾客要规定退货是权利，我按要求做好服务是义务	顾客已经不是第一次遇到这样的问题，内心很气愤	因为没有感受到尊重和重视，所以很生气	顾客并没有针对谁，换作是我，也会很生气
店长带领好新员工是重要的本职工作	店长工作太忙，事情太多，没有很细致地了解事情的全部	因为工作压力大，所以对工作没有面面俱到	店长不是故意这样，主要是工作太忙，压力太大
同事是按照自己的能力和节奏认真工作	同事也一直在努力学习，有些地方做得不错	因为急于求成，想做出业绩，所以担心同事会影响	同事自己也有压力，而且我能够看得到她的努力

共情是指能设身处地体会他人处境，从而能够感受和理解他人的情感。我们总是说"理解万岁"，被理解了，心里的纠结被解开了，就会感受到对方是爱自己的。理解，就是说出当下在对方内心深处的真实感受。共情，不只是一个工具，而是一个生命对另一个生命的理解。

第九章 工具8：时间管理矩阵

提升教师育人能力工具箱中的第8个工具是"时间管理矩阵"。

前面我们介绍了思维管理、语言管理和情绪管理方面的7个工具，下面要学的工具针对时间管理。

很多人都知道时间不只是金钱，时间比金钱更有价值，时间就是生命。但人们往往重视生命，乐于理财，而忽略了时间的管理。指导学生进行科学的时间管理就是让时间的投入与个人目标相关联，从而实现以最小的代价或花费，获得最佳的结果。很多学生不知道时间管理是一门学问，经常是没有计划、不分轻重缓急、眉毛胡子一把抓、没有养成良好的习惯、不能排除外部的干扰从而浪费了大量时间。

常常听到有学生或老师说：学习、工作任务太多了，时间不够用，每天工作干不完，而且一天从早忙到晚却常常不知忙了些什么。

此时，我们需要问自己：我每天真的做了这些对我们一生都很重要的事情了吗？大石块与人生的案例大家也许都听过，如图9-1所示。

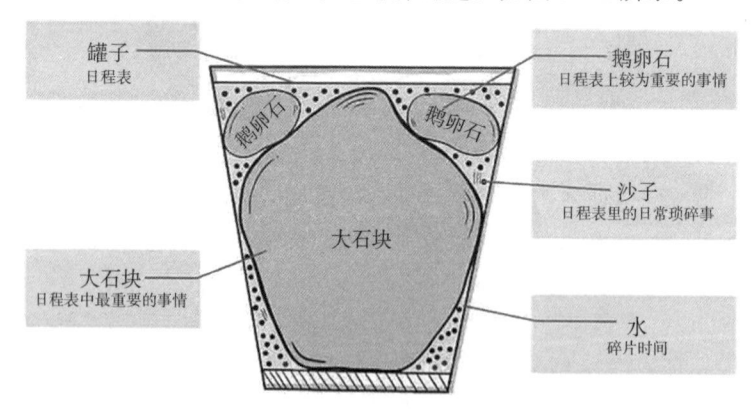

图9-1 大石块与时间管理

状产生更大的不满。

我对小林说：老师问你几个问题，你可以不用回答我，你自己思考就行哈。

第一，试想如果你管不住自己，就这样玩上三年，每天上课都是昏昏沉沉，三年后你是否可以毕业？好不容易考上的大学，就这样度过，你是否甘心？

第二，你想改，但管不住自己，那你感觉是现在就开始改更容易，还是玩了一两年后再改容易呢？如果越陷越深，有一天想起来再改，会否更难呢？

第三，如果你真改不了，就这样过三年，你感觉你爸妈每天会是什么心情？你觉得对得起他们吗？

三个问题问完后，我明显地感觉到，他对现状的不满与惭愧都写在了自己的脸上，且不断放大。

我继续问，是想让他放大改变成功后的愿景，让他对改变后的愿景产生向往。我说，那老师再请你思考三个问题哈：

第一，如果你能改变，想想你每天的学习和生活状态会有什么不同？

第二，如果你不这样沉迷于玩游戏，你可以用这个时间去干哪些更有意义的事？如果你坚持三年去做这些更有意义的事，想想毕业时的你会是什么样？

第三，想想，如果你爸妈看到你的变化，知道你不再沉迷于玩游戏，而是每天充实地学习和生活，他们会是什么感觉？

问到这里，我已经看出了他内心渴望改变的意愿了，就和他说，不要指望一步到位，从"一小步"开始改变，今晚可否少玩半个小时，他同意了。后来，他和宿舍同学达成了一个行动改变联盟，每天进步一点点，一学期下来，他真的发生了很大的改变。

对于"改变方程式"这个工具，我也听到有的学生特别是刚踏上工作岗位的毕业生的反馈。他们说想要改变就得满足三个条件，一是对当前状况的不满；二是代表对未来愿景的期望；三是迈向愿景的积极的第一步。这三个条件中最难的是"对未来愿景的期望"。老师，我们的问题是看不到希望啊！下面分享一个案例。

【案例3】

关于"看不到希望"

突然听到我的几个学生在一个单位集体辞职，主要理由是"看不到希望"。日常工作和生活中"看不到希望"不绝于耳，岂止学生，也有老师；岂止年轻人，还有年长者；不只是对工作，也有对生活。其结果要么是在"前进一步是幸福"时戛然而止，自动终止也许并不遥远的希望；要么是终日郁郁寡欢、自暴自弃，离"希望"渐行渐远。面对此情此景，我总是想对这些人说上几句，也许又犯了"好为人师"的毛病，但对于我的学生而言，这是我的责任。

为什么会看不到希望呢？

一是，也许希望根本就不存在，所以你看不到。对于一个不存在的东西，即使望眼欲穿也无法改变其客观事实，这说明什么呢，你方向选错了。有些人对工作如此，但更有些人对爱情如此。

二是，希望可能存在，但不确定。那是否要追逐这个希望呢？有人的思维方式是喜欢不厌其烦地纠缠小概率的事件，这些人往往会享受到意外的惊喜，但在其他方面需要你衡量其投入产出比。但当你真的走投无路或拥有很多时间和资源时不妨一试，也许会有意想不到的结果，不过要摆正心态，有时的确是"希望越大失望越大"。

三是，希望本身一定存在，但因为人的"近视"看不到。也就是说，你离希望是远一些，一方面你不够"千里眼"，不够"火眼金睛"，看不见，辨不明；另一方面是你又不肯再往前行进几步，否则你一定会看到。当然如果有人为你指明希望，你一定不会茫然和失望，也许你只知道低头拉车了，不知常常需要问路。

四是，希望的存在与否取决于你态度和能力，你越真诚地付出，那个目标不是等在那里，而是主动前行与你迎面而来，常常与你不期而遇。你甚至会意外惊喜，它何以这么早就光临于你。但也有令人遗憾的，是有人在关键的时候，希望竟与他擦肩而过，这是自己未能很好把握。

所以说，如果希望真的不存在，确实需要迷途知返，回头是岸。"执着"的前提是方向正确，否则那一定叫固执。但人们看不到希望时，它明明存在，有人半途而废，另辟新径；再半途而废，再辟新径，最后别人都找到了自己的希望，他还是一事无成。而有人离希望只有"一步之遥"，却停滞不前，终究功亏一篑。还有的是"希望"已到眼前，却对面不识"君"，不知道这就是希望，最后擦肩而过后，并非是塞翁失马，而是抱憾终身。

我想对那些"看不到希望"的人说：

第一，先想清楚你要的希望是什么？自己都不知道这个"希望"长什么样或者自己臆想她一个模样，其实适合你的还真不是那个样，最终即使她来了，你也不认得她。

第二，考量清楚这个希望是否存在，上路前先找准方向，除非无路可走否则别饥不择食。那样会浪费自己和他人的时间。

第三，要知道这个希望离你还有多远，要有做好长途跋涉的思想准备，否则你就会半途而废。

第四，这个世界有太多的诱惑，太多的选择，让人容易浮躁，容易这山望着那山高，我们不赞成一条道跑到黑，但你每一条都浅尝辄止，最后常常会一事无成。

第五，任何一条路都有它的坎坷，即使在一条路上未能找到希望，若能坚持，浅尝辄止，你一定会学到很多东西，它会让你再踏上另一条路时速度很快地达到你的目标。

第六，很多人不能坚持，如果你能坚持下来，我相信一定会"剩"者为王！

世上有两种人，一种人非常清楚自己想要什么、能做什么、可以得到什么，他可以按照自己的规划走自己的路，他总能看到希望。还有一种人正好相反，不知自己想要什么、能做什么、可以得到什么，这就是我们平时总在说的"迷茫"，他会常常看不到希望。我想对迷茫的人讲，"看不清未来，就踏踏实实做好现在"，自己不能把控未来，一定会有人给你机会，给你希望、给你未来，相信"人在干、天在看"。

上述案例说的是如何面对"看不到希望"。还有不少学生的状态是不知道自己要改变什么？或者说只知道对于自己的现状感觉不满，然后眼睛向外找客观理由，而不是眼睛向内，不假外求，这样改变同样发生不了。这时，我们可以给出成功人士的具体的行为习惯或处事风格，让他们从中先选择1-2个，对照反思，然后开启一小步行动，让改变得以发生。

一个人之所以能成功，一个人之所以与众不同，真的不是看他读了多少书，而是看他的性格、习惯、行为和内在驱动力，这往往决定一个人成就的大小，你要想做一个成功的人，成为别人尊重的人，那就坚持和养成以下20种习惯与风格吧，长此以往，将大获成功。

1. 定目标，达目标

一个没有目标的人，就好比大海中航行的船只没有指南针的指引，永远靠不了岸。学会每年、每月、每周、每天给自己制定一个切实可行的目标，并尽自己最大的努力去实现，天天坚持着做，一年后，三年后，五年后，你将会积累一个大大的、成功的目标，自己一定会为之骄傲。

2. 尽可能多地帮助他人成功

帮助一个人，需要有付出的心态，需要有爱心，当然也需要有助人的能力。社交的本质就是不断地用各种形式帮助其他人成功。共享你的知识与资源、时间与精力、友情与关爱，从而持续为他人提供价值，一定要记得：帮助他人其实是在帮自己。你将会获得更多的快乐、友谊、朋友、关爱和宽容。

3. 定期与朋友沟通，联络感情

朋友不是在要利用他时，才想起。因此，构建好自己的人际圈子，不断扩大的同时，定期与自己圈子里的朋友保持联系。比如：一起打球，看电影，喝咖啡，吃饭，结伴旅行，沟通聊天，做有益的事情。常来常往，朋友间感情会更深厚。

4. 勇敢和自信

一个成功的人，一定是一个勇敢的人，自信的人。具有勇敢和自信品格，一定会使你在职场攻无不克，战无不胜，创造奇迹。所以，要不断提升你的自信心和勇气，使自己在做事的时候，在创业的时候，更能把握机会，创造成功。

5. 尊重他人

人与人之间是平等的，没有职务高低之别，没有钱多钱少之分，高低贵贱人格平等。因此，一个时常能尊重他人的人，一定能赢得他人的尊重。切勿居高临下，目中无人，谦虚的心怀是人际的通行证。

6. 凡事100%准备

成功是属于有准备的人，做任何事，见任何人之前，都要做足充分的准备。准备好你的心态，准备好你的时间，准备好你的精力，资料，知识，这样你将会获得更有准备的成功。

7. 养成列清单习惯

对每天的工作，重要的事情，约见的客户，一定要按时间、轻重缓急顺序列一个清单，并在计划的时间内去完成，养成做事有条理、专注、坚持的好习惯。

8. 坚持每天看书30分钟

书中自有黄金屋，坚持读书，读精品书，并能静下来思考，不断扩充知识面，提升见识，做到每天点点滴滴积累，就会有朝一日获得一日千里的长进。

9. 学会分享

做一个善分享的人。你的心得、才华、能力、经验、感知、经济、新闻、意识、激情都要及时向好朋友分享，分享也是提升自己能力的一种成功法宝。

10. 注重工作质量

做事情，干工作不在于做到多少，更在于做有意义、有价值的工作。因此，平常形成高品质的工作风格，提升自己的工作效率，实际等于在提升工作绩效。

11. 凡事及时跟进

对上司、朋友、同事、部属、亲友、家人交代过的事，相互知晓过的人和事，都要保持及时跟进，不能没有下文，不了了之；要给对方一个满意交代和回复，才能获得他人的信任。因此，有效跟进也是必备的做事风格。

12. 做人讲诚信，做事讲责任

平时保持做人的诚信，一言九鼎，兑现承诺，对做不到的事也要告知朋友，并说明客观理由。做任何事都要负起责任，养成负责的习惯，别人同样会对你负责。

13. 每天运动一小时

生命在于运动。每天做一小时有氧运动，比如晨练，饭后慢跑，或打羽毛球等，活动活动筋骨，使自己的精神更愉悦，身体更健康，健康身体是革命的资本。

14. 经常找某方面比自己更厉害的人交流学习

孔子云：三人行必有我师。多与比自己某方面更厉害的学习、讨教、沟通交流，你将会获得更多的资讯、能力和知识，从而使自己更富有才华。

15. 养成说真心话、做真实人好品格

真诚是人际沟通的通行证，打破沉默最好的方式就是说心里话。因此，确保自己做事凭良心，讲诚信，讲真话，做实事，这样你会获得更好的人际关系，更真诚的友谊，别人见到你，同样会回报给你真心和诚意。

16. 保持倾听好习惯

成功人士，有着良好的沟通技能。而沟通的技能不在于你有多会说，更要善听。能听懂对方的意图，想法，目的。这样才能更好地理解别人，才能被他人理解，才能达成和谐的沟通。

17. 保持专注、专业

成功的人都是专注的人，都是专业的人。这世界上只有专家才是赢家。简单的事重复地做，就可能成为专家；而重复的事能开心地做就更是专注的赢家。保持专注，提升专业，做人生的赢家。

18. 建立自己的品牌美誉度

产品要获得消费者的认可必须靠卓越品牌。一个人要获得亲朋好友，上司同事和部属的认可同样靠卓越个人品牌。因此，个人品牌需要经营，良好的个人品牌树立，要让自己每天必须做好四讲：讲诚信、讲品格、讲礼貌、讲实效。

19. 谦虚谨慎，不骄不躁

满招损，谦受益。做人做事谦虚，会获得更好资源，更好理解，更好认同。傲慢是一种病，它会让你忘记真正的朋友，忘记朋友的重要。保持谦虚，帮助其他人和你一起进步，甚至超过你都是谦虚的胸怀。

20. 每天保持愉悦平和心态

宛容生和气，和气生财。因此，先解决心情，才能做好事情。好心态，好心情，才会有好人际，好友谊，好的前程。

好，改变方程式这个工具我们就学习到这里，每个人都需要改变，都可以通过改变遇见更好更美的自己，那就让我们从自我做起吧，每天进步一点点，大家一起努力，知行合一！

第十六章 工具15：GROW模型

现在分享的是提升教师育人能力的最后一个工具。前面我们分享了提升教师育人能力的14个工具，还记得这14个工具都是什么吧？

前三个工具是关于思维管理的，第1个是拓展思维深度、帮助我们发现事物本质的黄金圈法则；第2个是拓展思维广度、帮助我们转换视角、找到正确焦点的AMBR焦点管理；第3个是拓展思维高度、帮助我们提升站位与格局的逻辑层次图。第4、第5个是关于语言和行动的管理，一是语言负转正；二是成果框架。第6、第7个是关于情绪管理，一是情绪管理ABC，二是与人共情。第8个工具是关于时间管理，叫时间管理矩阵图。第9个是关于测量、评价，将抽象笼统问题具体化的一个工具，叫刻度尺。第10、第11个工具是关于如何提问的工具，一是强有力问题，二是假如框架。第12、第13个工具是关于呈现、选择和决策的工具。一是平衡轮；二是笛卡尔坐标。第14个工具是关于如何让成长与改变发生的一个工具。

这些工具大多相对独立单一，下面我们学习本课程的最后一个工具——GROW模型，它是一个综合性、系统性的工具。

GROW的意思是成长，是一个用来帮助成长的工具，它的应用非常广泛，可以用于帮助我们自己成长、帮助学生成长，帮助伙伴朋友成长，也可以帮助我们孩子成长。当然，他还可以帮助我们平时开展的很多项目的成长，以及我们所在的团队和组织的成长。

无论是个人的成长、项目的成长还是团队组织的成长，看到向好的变化、向上向善的发展，都是一件令人非常喜悦的事情。那我们就一起来看看这个工具的基本内涵和使用方法。具体如图16-1所示。

GROW分别代表4个不同的英文单词：

第一个G：Goal Setting，就是目标确定。

第二个 R：Reality，就是厘清现状。

第三个 O：Option，就是发展路径。

第四个 W：Will，就是行动计划。

有人可能会说，放在第一位的为什么不是 Reality 厘清现状呢，这样确定出的目标，不是更符合实际吗？没错，但这样确定的目标可能会自己给自己设限，不利于我们发挥潜能、创造条件。这个工具是一个循环往复的过程，如果现在条件、发展路径和行动计划真的支持不了你确定的目标的达成，我们还可以回到原点，调整目标。

图 16-1　GROW 模型

所以，我们首先还是要专注在"目标"上：也就是"我想实现或达到的目标到底是什么"？这个目标可以是一个人的发展目标，也可以是一个项目或团队的发展目标。

然后，把注意力放在"现状"上：这个现状可以指我们每个人的优势和劣势，每个人的资质条件，还可以指我们要完成的项目的现实状况，以及到目前为止我们所做的努力和得到的结果，识别出为了达成目标所面临的困难与阻碍，重新评估自己的目标是否现实。

接着，我们再专注于"路径"：可以通过头脑风暴列出各种能达成目标的路径与方法。在这个过程中，不要做评判，让各种方法都涌现出来之后，我们再评估这些方案，判断哪些方案可行，哪些方案能激发我们的信念、热情和潜能。

最后，我们专注于"行动"：判断哪些方案是最佳行动方案，并全力以赴的去实施，笃定前行，推动我们目标的达成。

下面，我们就看一看如何有效地使用这一工具。前面我们说过这个工具是一个综合性、系统化的工具，使用起来过程较慢、周期较长，但它也的确能解决整体性的、复杂性的、发展性的问题。在使用这一工具时，一定要配合使用强有力的问题，帮助人们自己找到答案。我举一个例子来说明。

【案例 1】

一个高层次人才的成长

我所在的学院引进了一个高层次人才，他是一位博士，进来以后，发现我们"双高校"的业绩考核很严、竞争压力很大，一时找不到自己的方向，他找到我寻求帮助。我用 GROW 这个成长工具，帮他进行了梳理。

首先是 Goal Setting 目标确定，我和他探讨了以下问题：

从长远看，我们可以先说三年，你要达到什么目标？

你怎么知道你达到目标了？哪些是显性的目标、哪些是隐性的目标，比如核心竞争力，如何才能让你知道你取得了进展？

对于这些目标，你个人有多大的掌控能力？

在达到这些目标的过程中，有什么可以作为里程碑？

这个目标对你来讲到底有多重要？

如果目标不能实现会给你带来什么损失或后果？

通过这 6 个问题，我想让这位博士厘清：一是三年的目标真的都是外界给自己确定的绩效考核指标吗？都是量化显性的吗？有无忽略那些基础性的、属于有了内在的因，才会有外在的果的隐性指标？二是这个目标的达成自己的可控度到底是多少？三是这个目标如果必须完成，自己的动力、信心和能力到底如何？如果实在完不成，到底有多大影响，可否通过调整心态去更好地面对？

接下来是 Reality 现状分析：

现在的情况怎么样？现在的现实是什么？你个人的优劣势和条件怎么样？

达成你的目标，直接和间接涉及的人都有谁？

如果事情发展得不顺利的话，还会涉及谁？

如果事情发展得不顺利的话，对你来说会发生什么事情？

到目前为止你是怎么处理的，结果如何？

问题背后真正的起因是什么呢？

阻碍你实现目标的因素是什么？

为有效实现这个目标，你认为还欠缺些什么？

通过这 8 个问题，想解决的是：以目前自身的条件以及外界可能的帮助，这个目标是否合理？现状与目标的差距有多大？如果太大，也不急着去修改目标或选择放弃，可以先沉下心去寻找解决的方案。

接下来是 Options 方案选择：

要解决这个问题，你有哪些路径和办法？

如果在这个问题上你有更多时间的话，你会做什么努力？

如果你只有更少的时间的话呢？那你将会被迫做什么尝试？

想象一下，如果你比现在更有精力和信心，你会做什么尝试呢？

通过这 4 个问题，想解决的是：一是确定达成目标的明确路径与方法；二是拓展思维边界，不给自己设限，努力为自己赋能。

最后是 Will 总结与具体行动：

你选择哪个、哪些方案或方法？

这可以在多大程度上达到你的目标？如果不能达到，那么还缺少什么？

你关于成功的标准是什么？

准确地讲，你将会在什么时候开始并结束每项行动或步骤？

什么会阻碍你采取这些措施？

采取这些措施，你个人有什么阻力？

你将怎么消除这些外部和内部阻碍因素？

你需要什么支持，由谁来提供这些支持？

要完成这些行动，按 1—10 分打分，你的承诺是几分？

是什么阻碍你没有打到 10 分？

你可以做些什么，把分数提高到接近 10 分？

去做吧！现在就承诺采取这个行动！

总结与具体行动这部分有 12 个问题，我们在达成目标的过程中，往往想都是困难，做才会有办法。所以行动力至关重要，为此设置了这么多详尽的问题，让他一一去思考去落地。

这个工具的运用，比较耗时，我也是分了两次和他进行沟通。先是大致按这四个步骤 30 个问题，帮他梳理了个人发展的思路，然后让他回去好好思考这 30 道题，甚至循环反复地使用这个工具。最终，他不仅找到了自己的目标，也找到了具体的行动计划。两年下来，他的目标卓有成效，无论是学校要求的显性业绩指标，还是隐性的个人核心竞争力，都有很好地达到，从而也确立了可持续发展的信心。

通过上述案例，我总结归纳一下 GROW 模型这个工具的要点：

第一，在现状分析之前就设定目标可能看起来有些奇怪，事实上并非如此。仅仅基于现状的目标容易倾向于负面，变成问题的反应，易受到过去表现的局限。因此，在大多情况下，建议还是需要按上述四个步骤来使用该工具。

第二，检查现状最重要的一个标准就是客观性。客观性容易受当事人的观点、判断、期望、偏见、担忧、希望和恐惧等影响而发生扭曲。借助旁观者清的帮助，会让我们更接近客观。当然绝对的客观并不存在，我们能追求的只有客观的程度，我们越接近客观就越好。

第三，在选择阶段，首要的目的不是找到"对的"答案，而是要创造出尽可能多的可供选择的方案。在此阶段，如果情况不是紧急的，选项的数量比每个选项的质量还要重要，因为它会激发创造性的活力。在创造性的基础上，具体的行动步骤才会产生。

第四，在最后的阶段，是一个在基于全面调查现状，并最大范围内罗列可选方案的基础上，为了满足已经被清晰定义的需求，而构建行动计划的过程。GROW 模型中的"W"代表"你将会做什么"中的"将会"，用于强调意愿和责任感的重要性，没有渴望或意志的力量，就没有真正的行动承诺。

这个工具是一个综合性、系统性的工具，它分为四个步骤。其实每一步都可以配合其他工具作为一个子系统来进行。因为整个工具的使用很耗时，我们在使用过程中，也可根据实际情况，分步来使用和落实。

如下面这个案例，是我指导的一个学生确定的职业生涯目标。

【案例 2】

确定职业生涯目标

对于高职生来说，确定整个职业生涯的目标是有很大难度的，制定不好就成了纸上画饼，没有太多实际意义。一个叫方敏的同学想要参加职业生涯规划大赛，需要确定人生不同阶段的目标。我就是运用 GROW 模型，辅以一系列强有力问题，引导她确定下她自己认为既高远又可行的目标。

我主要问了她以下问题：

你有梦想吗？若有，是什么？

你希望自己成为一个什么样的人？

关于自己的人生目标，你会对自己说些什么？

你能成为那样的人，自己可以做些什么？

你有什么鼓舞人心的目标？
你期望获得什么样的结果？
它会给你个人和家庭带来什么？
你需要什么样的改变才能达到这个目标？
为了达成这个终极目标，你的时间规划是怎样的？
你可以确定哪些里程碑？关于他们的时间规划又如何？
如何将人生的大目标分解成更小的目标？
实现这些目标对你意味着什么？
这个过程对你的重要性是什么？
你还想要的是什么？
你现在努力的目标是什么？
你什么时候需要得到这个结果？
以下就是这个学生为自己制定的人生阶段性目标，如下图所示。

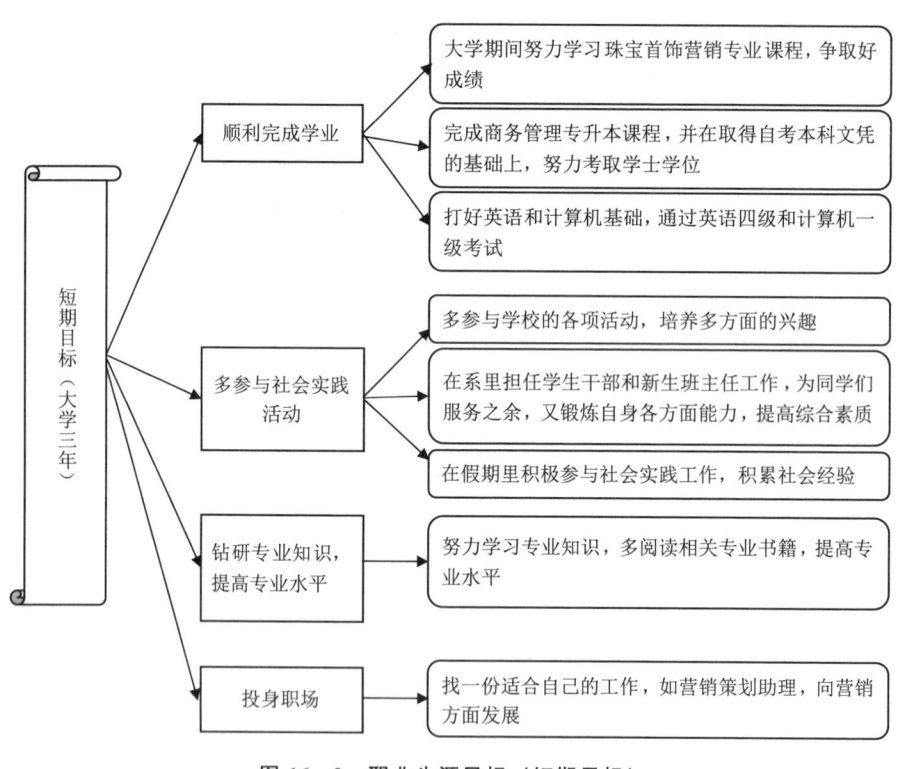

短期目标（大学三年）

顺利完成学业
- 大学期间努力学习珠宝首饰营销专业课程，争取好成绩
- 完成商务管理专升本课程，并在取得自考本科文凭的基础上，努力考取学士学位
- 打好英语和计算机基础，通过英语四级和计算机一级考试

多参与社会实践活动
- 多参与学校的各项活动，培养多方面的兴趣
- 在系里担任学生干部和新生班主任工作，为同学们服务之余，又锻炼自身各方面能力，提高综合素质
- 在假期里积极参与社会实践工作，积累社会经验

钻研专业知识，提高专业水平
- 努力学习专业知识，多阅读相关专业书籍，提高专业水平

投身职场
- 找一份适合自己的工作，如营销策划助理，向营销方面发展

图 16-2　职业生涯目标（短期目标）

第十六章 | 工具 15：GROW 模型

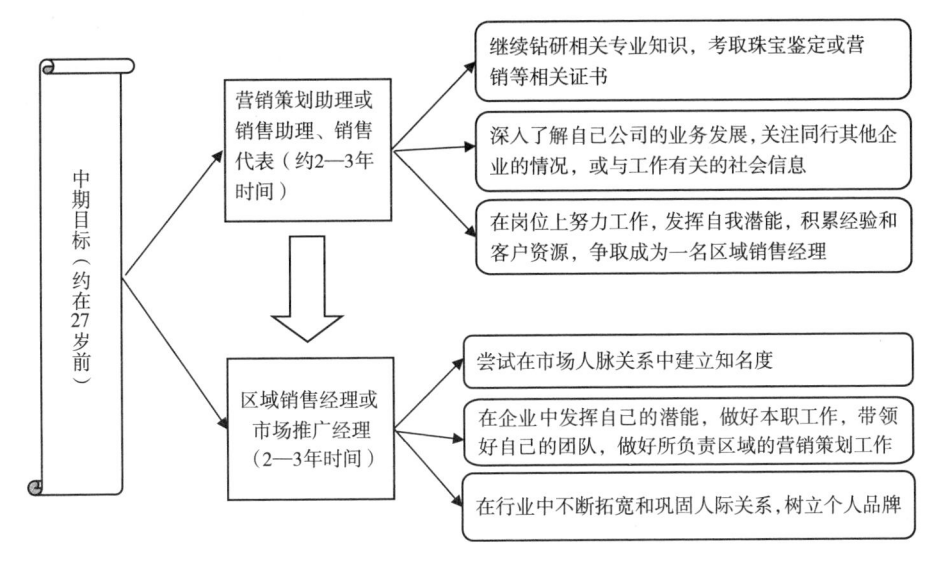

中期目标（约在27岁前）

- 营销策划助理或销售助理、销售代表（约2—3年时间）
  - 继续钻研相关专业知识，考取珠宝鉴定或营销等相关证书
  - 深入了解自己公司的业务发展，关注同行其他企业的情况，或与工作有关的社会信息
  - 在岗位上努力工作，发挥自我潜能，积累经验和客户资源，争取成为一名区域销售经理
- 区域销售经理或市场推广经理（2—3年时间）
  - 尝试在市场人脉关系中建立知名度
  - 在企业中发挥自己的潜能，做好本职工作，带领好自己的团队，做好所负责区域的营销策划工作
  - 在行业中不断拓宽和巩固人际关系，树立个人品牌

图 16-3　职业生涯目标（中期目标）

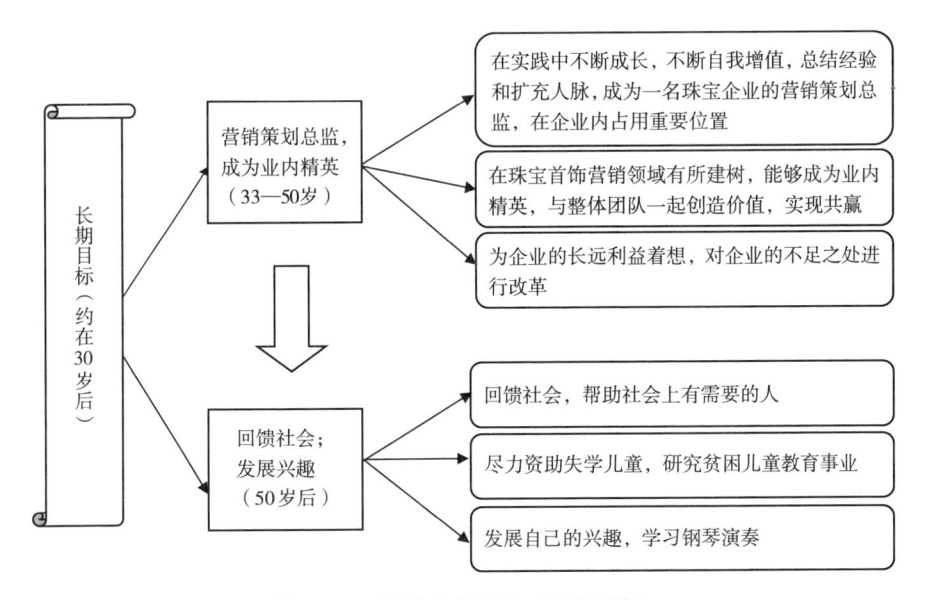

长期目标（约在30岁后）

- 营销策划总监，成为业内精英（33—50岁）
  - 在实践中不断成长，不断自我增值，总结经验和扩充人脉，成为一名珠宝企业的营销策划总监，在企业内占用重要位置
  - 在珠宝首饰营销领域有所建树，能够成为业内精英，与整体团队一起创造价值，实现共赢
  - 为企业的长远利益着想，对企业的不足之处进行改革
- 回馈社会；发展兴趣（50岁后）
  - 回馈社会，帮助社会上有需要的人
  - 尽力资助失学儿童，研究贫困儿童教育事业
  - 发展自己的兴趣，学习钢琴演奏

图 16-4　职业生涯目标（长期目标）

我用 GROW 模型还指导过一个创业团队。6个同学组成一个团队，在学校的创业产业园成功投下了一个免租金的店铺。事实上，如何开始这一创业历程他们并没有做好充分的准备。无论是团队、项目还是每一个人都需要成长。这是一群有梦想的孩子，对于 GROW 模型的第一步目标确定并不

181

难。第二步是厘清现状，要厘清现状涉及的方面很多，但他们感觉最困难还是团队的分工与协作。我借鉴英格兰南部亨尼管理学院贝宾（R. M. Beibin）及其同事的一项关于团队职责的研究成果，请创业团队的成员了解自我、了解他人，知己知彼，为接下来的团队合作奠定了很好的基础。

【案例3】

测试你的团队角色

为了让团队成员厘清团队的现状，我需要让他们先测试自己在团队中的角色。这个测试能够帮助团队成员认知自己和他人在团队中的角色。

测试说明：1. 本测试共由9组测试题组成，每组测试题有9个字母选项，共计81个字母选项；2. 每组测试题满分为10分，在做每组测试题时，可以根据每个字母选项和自己的符合程度给分，可以把10分只给一个字母选项，也可以根据符合程度把分数分散到各个字母，但是总和要等于10分。将打分填在角色测试答题纸。

我认为我最擅长做什么：

a) 我接受过专门训练，具备丰富的专业知识和工作经验。

b) 我善于跟各类人打交道。

c) 我点子特别多，喜欢出主意、想方案。

d) 我善于倾听各方意见。

e) 我做任何事情都胆大心细、有勇有谋。

f) 我擅长调动大家，有很强的号召力。

g) 我会绝对服从上级领导。

h) 我很快能够发现别人做事的不足之处。

i) 我善于发现新的机会和机遇，擅长打听各种信息。

我的缺点是什么：

a) 我有些时候过分依靠指令行事，忽略周围的环境，缺乏灵活性。

b) 我有些教条主义，对没有把握的事情一般不敢贸然行事。

c) 别人常说我喜欢道听途说，见风就是雨。

d) 我对任何事情都持怀疑态度，容易忽略别人的长处。

e) 有时候为了完成某个事情我会很武断，不会听取别人的意见。

f) 我如果一分钟不说话就憋得难受。

g）我有时会想事情过于投入，经常顾此失彼。

h）我对缺乏挑战性的工作不感兴趣。

i）我可能会花过长的时间倾听大家的意见。

我的做事态度是：

a）只要有人不知道，我就有责任告诉他。

b）只要是决定了的事情，不管多么困难我一定会完成。

c）我认为一切都应该从专业角度出发考虑问题。

d）我的态度是"服从命令听指挥"。

e）我认为"没有做不到，只有想不到"。

f）我认为要做就做到最好。

g）我认为没有调查就没有发言权。

h）虽然我倾向于博采众长，但在必要时会果断决策。

i）我认为"没有规矩不成方圆"。

我的一般做法是：

a）我会在各方意见的基础上权衡利弊，根据情况进行决策。

b）我经常提醒自己和其他成员做事要细心。

c）我会根据成员的特长来安排工作。

d）我在执行任务时，完全按照规定的行为准则或操作手册执行。

e）我经常主动和遇到的各种人打招呼、聊天。

f）我总是热衷于打听最新的消息，寻找最新的想法，关注事情的最新进展。

g）我总是以挑剔的眼光看别人有什么不足。

h）接到上级指令后，我会立刻遵照执行。

i）在讨论中，我总是会提出一些有创意的想法或建议。

我的应急反应是：

a）在遇到特别紧急的情况时，我会独自构想出摆脱困境的方法。

b）在紧要关头，我会当机立断地做出决策。

c）在紧要关头我会义无反顾地采取行动。

d）在争论过程中，对方越厉害，我的口齿反而越伶俐。

e）尽管事情非常急迫，我还是强调坚持原则，一切按规定行事。

f）如果遇到自己无法处理的情况，我会去找这方面的其他专家询问处理办法。

g）追求完美的性格使我不会因为任务紧急就不做任何准备而直接采取行动。

h）紧急时刻我会调动一切资源来打探消息。

i）事情紧急时，我会亲自冲锋陷阵。

我给团队做的贡献是：

a）我总能提供一些很有价值的资料或信息。

b）我能够提供需要的行动方案，有时可能不止一套。

c）我敢于指出别人的不足，能在工作中起监督作用。

d）我能够完成一些一般人不能完成的任务和工作。

e）我总是能比较准确地把握局面，是拿主意的关键角色。

f）我会严格按照上级的指令完成任务。

g）我能够带领大家完成任务。

h）我能够处理那些技术性很高、需要经过特别训练才能完成的工作。

i）我能够把各种消息传播出去。

我给团队造成的负面影响是：

a）当任务受到阻碍时，我可能会表现出不耐烦的情绪，大家可能觉得我很不近人情。

b）有人会批评我鸡蛋里挑骨头，凡事总喜欢往坏处想。

c）由于我总是追求完美，有时会因为准备时间过长而延迟事情的进程。

d）我很容易对人和事失去兴趣并感到厌倦，总是需要别人来激励我。

e）我喜欢独立行事，别人可能会觉得我不合群。

f）由于我的想法过于复杂，难以清晰的表述，使大家无法完全理解，增加了实施的难度。

g）有时我提的目标可能过高，让别人觉得有些强人所难。

h）我有时会因为话说得太多，以至于说了一些不该说的话。

i）我有时可能还没有理解指令的真正意图就急于行动，以致变成了盲目行动。

我的满足感来自：

a）只有我才能发现别人的不足。

b）我的原则是"行动者最快乐"！

c) 别人是从我这里得到消息的。

d) 我能够带领团队克服困难，实现事先设定的目标。

e) 我经常能得到第一手信息，接触到各种新东西、新想法。

f) 主意靠我来拿。

g) 只有我才能搞定那些复杂的、有技术含量的工作。

h) 我提出了许多建议和方案，提高了我的想象力和创造力。

i) 大家都说我干的活很漂亮。

我的厌恶感来自：

a) 我觉得只要把事情做完就行了，我讨厌每个环节每个环节地抠细节。

b) 我最讨厌让我去打听消息，或去一个陌生的地方了解情况。

c) 我最讨厌拿主意之类的事情。

d) 我平时最讨厌想那些令人头疼的问题，我不喜欢给别人出主意。

e) 一想到要做事情我就浑身不舒服。

f) 我最讨厌让我去挑别人的不足或毛病。

g) 我最讨厌和人打交道，尤其不喜欢和陌生人说话。

h) 我不想当头，尤其是还要带领"刺头"去实现那些很难实现的目标。

i) 一看到那些复杂的，需要技术性很强的工作，我就浑身难受。

表 16-1 角色测试答题纸

姓名：　　　　　　　　　　　　　　　　　　　　　　　　　日期：

	1	2	3	4	5	6	7	8	9
A									
B									
C									
D									
E									
F									
G									
H									
I									
合计	10分	10分	10分	10分	10分	10分	10分	10分	10分

注意：1. 每道题的得分之和必须为10分；2. 将《角色测试答题纸》的得分按照下面《角色分析表》的字母顺序重新填写，并进行分析。

表 16-2 角色分析表

姓名：   日期：

角色测试	1	2	3	4	5	6	7	8	角色得分	9
创新者	C	G	E	I	A	B	F	H	创新者	D
资源探寻者	I	C	G	F	H	A	D	E	资源探寻者	B
主导者	D	I	H	A	B	E	G	F	主导者	C
驱动者	F	E	B	C	I	G	A	D	驱动者	H
监察者	H	D	I	G	E	C	B	A	监察者	F
协调者	B	F	A	E	D	I	H	C	协调者	G
执行者	G	A	D	H	C	F	I	B	协调者	E
贯彻者	E	H	F	B	G	D	C	I	贯彻者	A
专业人士	A	B	C	D	F	H	E	G	专业人士	I

注意：

在计算角色得分时，只计算第1题到第8题的得分；

角色得分大于等于11分，代表偏好此角色，角色得分小于等于5分，代表不偏好此角色；

第9题（负面的作用）得分越低，代表越符合此角色。

这个团队的6个成员，通过上述的测试和分析，很欣喜地找到了自己和他人在团队中的角色。而事实上他们是一个优势互补的团队，这6个人的角色分别是主导者、驱动者、协调者、执行者、专业人士和创新者，非常符合一个创业团队的人员构成。通过这一步的工作，他们就很好地厘清了团队成员的现状。

关于GROW模型的第三步发展路径、第四步行动计划，我们在此就不再一一举例示范。大家都可以配合其他的工具、方法来指导学生破解在个人成长、团队发展、项目管理等方面遇到的障碍和困难，最终让学生获得成长和发展。

提升育人能力的 15 个工具到此就全部介绍完了，期待 15 个育人工具，大家都能用起来，学以致用、知行合一、身心合一！愿每位学生都能在老师科学、理性而又温暖地指导下，遇见更好更美的自己。也愿我们每一位老师在育人的过程中一同成长和进步，最终能成为真正的大先生，做学生为学、为事、为人的示范，促进学生成长为全面发展的人。

第十七章　工具运用综合性案例

在前面 15 个工具的分享中，我们用具体案例说明了每个工具的基本内涵、使用方法及关键着力点。其实在我们教师的育人过程中，这些工具是可以综合运用的。如能熟练掌握这些工具，就可以信手拈来，甚至了无痕迹地对学生进行指导和帮助，真正可以做到春风化雨、润物无声。下面我们分享几个综合运用育人工具对学生进行辅导的案例。

【案例 1】

老师，我很迷茫

案例背景：无论是学生还是老师，在成长过程中，经常会遇到"焦虑和迷茫"的问题，他们不知自己最想要的是什么，不知道自己最该干的是什么，想让他们坚持"要事第一"，他们并不知道自己的"要事"是什么。这些问题有的是因为看不清未来，有的是不知如何选择，有的干脆就是因为想多了。

辅导工具：刻度尺、强有力问题、假如框架等、AMBR 焦点管理、GROW 模型等。

学生：老师，我学习挺努力的，但总是感觉学习生活很没劲，学完了也不知道将来毕业了能干什么，即使找到工作，挣那点钱，也很难在广州买房安家，我感到很迷茫，但又不知道怎么办。

老师：嗯，你毕业后想留在广州是吗？挺好的，起码你对自己的未来是有比较清晰的想法的。那你可否告诉我，你毕业时最想要的是什么？你最想解决的问题是什么？

学生：我就是不知道我想要什么，可能现在要解决的是迷茫的问题吧。

第十七章 工具运用综合性案例

老师：你觉得不迷茫是什么状态？你周围的同学有不迷茫的人吗？

学生：有。不迷茫应该是知道方向和目标，并知道自己应该如何实现这个目标吧。

老师：那好！如果10分是你想要的清晰状态，用1—10打个分，你给自己现在的学习和生活状态打几分呢？

学生：打5分吧。

老师：如果你现在有了方向和目标，并朝着这个目标不断努力，那你会给自己打几分。

学生：打7分吧。

老师：与10分相差的那3分是什么？

学生：知道了现在干什么，也解决不了将来买房的问题，估计还是会迷茫吧？

老师：假如，我们只是假如哈，房子问题解决了，你就真的不再迷茫了吗？会不会还有其他问题呢？比如工作收入挺高，可是压力太大；再比如房子有了，不知去哪儿找女朋友……

学生：噢，是啊，以后要面对的问题还会很多。

老师：那好，回过头来看看，你的迷茫到底来自什么？是房子问题吗？是工作问题吗？

学生：老师您的意思是我自身的问题是吗？说的我更焦虑了，我都不知道怎么办了。

老师：其实每个年轻人都会面临工作的问题、房子问题，至于迷茫和焦虑很多人都有，特别是在面临选择的时候，这是一个普遍问题。

学生：老师的意思是我不必那么紧张，这是一个很正常的问题是吗？

老师：这是正常的情绪问题，我们需要接纳它，不用去抗拒它。接纳它以后再看看，产生这样情绪的原因是什么？你认为原因是什么呢？

学生：老师，我一下想不出来。

老师：工作的问题和房子的问题都是未来的问题，你现在就开始担忧。眼前是难得的大学三年学习生活，却又不知目标是什么？

学生：老师，我感觉自己是有些想得太多了。

老师：人无远虑，必有近忧。多想一些没什么坏处，但如果只是想，特别是把这种"想"变成一种没有太多实际意义的担忧，那就得不偿失了。

学生：那老师的建议是什么呢？

老师：其实对于未来，能够解决的问题就不用担忧，解决不了的问题担忧也没用。

学生：老师您这句话说得太好了！

老师：好，那我们可以先放下对未来的担忧，把关注的焦点放在眼前好吧。"关注所向，力量所在"，想都是问题，做才有出路。想一想，眼前做些什么，可以让我们将来有能力解决更多的问题呢？

学生：起码可以多读些书、多提升自己的职业素质和能力吧，特别是学好老师的课，改善自己的心智模式，对将来一定是有用的吧。

老师：你说得很好！有时候，我们迷茫是因为想得太多，而实际做得太少。与其纠结，不如踏实努力；开始行动，才有可能成功。别为模糊的未来担忧，只为清晰的当下努力。做好今天的事，明天才会有更多可能，是吧？

学生：是的。

老师：那你准备确立什么目标、采取什么行动呢？

学生：老师，对不起，我又有些迷茫了，我不知道是应该去做兼职，让自己提前有些企业经验，还是应该多花些时间在读书和学习上？

老师：嗯，这个迷茫属于选择产生的迷茫。我想当你开始行动时，还会有更多的选择问题会困扰你。老师问你几个问题，也许你现在还想不清楚，记下来，回去花一周的时间好好地思考，相信你会做出属于自己的决定的。

学生：好的，老师您说，我现在就记下。

老师：一共10个问题，具体如下：

从长远看，你大学三年要实现什么目标？

对于这个、这些目标，你个人都可控吗？

你现在的兴趣、能力、资源等是否能支持你的目标？

阻碍你实现目标的因素是什么？要解决这个问题，你有哪些办法？

你会选择哪个、哪些任务或行动达成你的目标。

你将会在什么时候开始并结束每项任务或行动？

要完成这些行动，按1—10分打分，你的承诺是几分？

你可以做些什么，把分数提高到接近10分？

为了使你前进一步，在你决定行动的4—5个小时内，你可以实施的一个小的行动是什么？

去做吧！按照你的承诺采取这个行动，并持之以恒好吗？

学生：老师，我都记下了，我回去一定会好好思考的，如果我真的能做到，我想我的学习和生活会发生很大改变，我想我告诉父母时，他们也一定会开心，谢谢您！

老师：好的，加油！期待你的好消息。

【案例2】

老师，家人不支持我

案例背景：有个大三毕业班的学生叫李慧，考上了专升本，犹豫要不要去读，埋怨家里人总是忽视自己和不支持自己，自己也觉得是个三本学校，学费比较贵，另外读出来也不知道就业前景如何，不知该如何选择，且陷入责备与抱怨的情绪中，总是问：为什么家里人不给我意见，为什么不支持我？我在这个家中得不到关爱，我很羡慕班上的其他同学。

辅导工具：共情工具、AMBR焦点管理、情绪管理ABC、强有力问题等。

老师：李慧，你找老师来沟通，就是想和老师抱怨一下家里人不给意见，是吗？抱怨完会缓解一下你的情绪是吗？说出来感觉好些了吗？

学生：和老师说出来感觉好多了，但我也知道抱怨是不能解决问题的。

老师：你想从家人那里得到的是什么？确认是意见或支持吗？（关注的焦点是什么？）

学生：是的。

老师：你觉得家人为什么不给意见或支持呢？他们是不想给，还是给不了，还是相信你能做出决定呢？

学生：从小我父母都不太管我，都是我自己做主。我也知道他们给不了，给了我也未必采纳。

老师：那你再看看，你确定是想从家人那里得到的是意见或支持吗？

学生：嗯，也许我想得到的是"家人的关心"吧？特别是在人生大的问题选择上。自己很茫然时，真希望他们能多关心我一下。我都感觉自己每次面对和家人的关系时，都感觉很抑郁。

老师：老师很理解你的心情。

老师：现在老师和你一起来面对这个问题好吧？

学生：好，谢谢老师！

老师：你需要得到家人的理解、支持和关爱，老师很理解，其实在一个家庭中，每个人都需要。你们已经都过了18岁了，都经过了成人礼了是吧？我很想知道你是通过什么方式表达自己对家人的关心的？你会经常问候父母、向父母表达感谢吗？

学生：嗯，没有，但在心里有。

老师：那你觉得父母能感觉到吗？（让学生换位思考）

学生：我不知道。

老师：那你觉得父母真的不关心你吗？这是事实，还是你自己的想象与感觉？

学生：我想他们心里也会关心我吧。

老师：为什么不把你的关心表达出来呢？你可否先主动去关心一下父母，并表达出来？你认为是自己辛苦不易，还是父母更辛苦更不容易呢？

学生：我家条件不好，从我很小时候，父母就不断在工地打工挣钱，我妈还要干挺重的体力活，很辛苦很不易。

老师：你上了大学是否也会增加父母的经济负担呢？

学生：是的，是增加了父母的经济负担，但他们还是支持我上大学。

老师：嗯，我听到了你用了一个"支持"这个词。你有什么觉察呢？

学生：嗯，我父母一直在经济上支持我读书。

老师：还有呢？只是经济上吗？还有没有其他的是他们不擅长表达出来的？

学生：老师，我感觉父母给了我支持和关心，以前我没有用心感受。

老师：很好！父母年纪越来越大了，也需要你的关心，今晚可否与他们好好沟通一下，感谢父母这么多年来为你的付出。

学生：好的，老师我会去做的。

老师：至于你是否选择"专升本"这个问题，老师希望你通过自己的调查、了解、分析、比较做出决定，可以吗？

学生：老师，您为什么就不能给我一个答案呢？

老师：你希望自己的人生由别人来做主吗？即使这次你愿意我帮你做决定，那你毕业了，以后人生还会有很多选择，都要别人帮你做主吗？

学生：嗯，老师说得有道理。

老师：人生每个节点的决策的确是个大的事情，也是一个比较难的事情，正因为这样，我们才需要培养自己选择和决策的能力。当你能力足够强大时，内心也会随之强大起来。

学生：那我按老师的建议试着自己调查、了解、分析、比较，先去试试吧。

老师：我相信，你一定会做出很好的选择。AMBR焦点管理工具你学过是吧？关注的焦点很重要，关注点不同，心态就会不同、行动也就会不同，最终的结果也就会不同。

学生：老师，是的，AMBR焦点管理是一个很有用的工具。

老师：那我们今天的谈话，你从AMBR这个工具的角度看看，会得到什么收获呢？

学生：嗯，我想我不能只是关注自己，也一定要关注、关心父母吧。

老师：还有呢？

学生：关注父母也要看关注他们哪一方面吧，我应该将焦点放在他们对我的支持，放在他们的辛苦不易，而不是总放在他们对我的选择不给建议吧。

老师：还有呢？

学生：即使他们不给建议、不支持我、甚至不关心我，我也需要将焦点放在他们为什么会这样，而不是放在理所当然上吧。

老师：还有呢？

学生：课堂上老师教过我们情绪管理ABC，今天和老师聊完，我感觉"父母对我不关心"其实不一定是事实，是我自己的想象和感受，我的困扰其实不是事情的本身，而很可能是我自己的想法和感受。

老师：还有呢？

学生：以后人生中会有很多选择需要我做出决定，我不能总是把焦点放在寻求父母、老师或朋友给出答案，要提升自己分析和决策的能力吧。

老师：非常好！你看，当你关注的焦点变了，你现在有什么觉察呢？

学生：我感觉心理轻松了很多，没有了抱怨和委屈，好像也找到了方向。

老师：好！老师相信接下来你一定会有不一样的行动，也一定会有不一样的结果，祝福你哈！

【案例3】

老师，实习结束我想换工作

案例背景：无论老师如何强调"剩者为王"，总有同学顶岗实习结束就要换工作，究其原因不是真的不喜欢，而是遇到了问题就想逃避，对自己缺乏足够的责任感，对企业缺乏起码的敬业精神。如果对哪个企业、哪份工作都没有全力以赴、100%地全心投入，总是不断地跳来跳去，有始无终。

辅导工具：黄金圈法则，AMBR焦点管理，逻辑层次图，强有力问题等。

学生：老师，毕业顶岗实习就快结束了，我想换一份工作。

老师：为什么呢？才半年，想好了要换吗？

学生：老师，我想好了。

老师：能否告诉我为什么换呢？真的全力以赴了吗？在一个企业一年都没待够，对一个行业、企业和岗位有多少了解呢？

学生：老师，我主要是不喜欢这家企业的文化。

老师：嗯，企业文化的确很重要，你是真的不喜欢这个企业的文化，还是遇到了什么问题解决不了呢？

学生：老师，我不喜欢我们的店长。

老师：嗯，再换一家企业就一定能遇上自己喜欢的上司吗？

学生：老师，我不换一换，怎么知道就没有呢？

老师：我想一定会有更好的上司的，那和你是什么关系呢？我打个比方哈，你有女朋友是吧？如果你不离开这个女朋友，你怎么知道这个世界没有更好的女孩呢？世界上更好的女孩真的都能属于你吗？

学生：老师，这两者不一样吧。

老师：是不太一样，但我想万事同理吧。世界上的好企业很多，你是否可先思考一下，好的企业你是否都能去得了，二是去了以后，是否都能获得好的发展，三是即使遇到了更好的上司，会否又遇到其他的问题？老师相信你能做出最好的选择。

学生：老师您有什么建议给我呢？

老师：好好想想，是自己真的不喜欢这个上司，还是遇到了问题，难以面对和解决？哪个企业没有问题呢？哪个人没有问题呢？如果没有全力以赴、100%地去投入，去面对问题、去解决问题，去提升自己的能力与水平，到了一个新企业,会不会遇到的挑战更大?我相信你不会是为了逃避才选择离开的。

学生:老师您这么一说,我感觉自己好像是在逃避,是啊,哪个企业没有问题呢,如果这个企业的问题我解决不了,下一个企业也许还会有更多的问题。

老师:嗯,你说得非常好!世界上是有很多更好的企业,更好的店长,想想如何才能让自己有资本、有实力与它结缘,并获得更好的发展?

学生:老师有什么建议呢?

老师:如果说有一条建议,我会选择我的座右铭与你共勉:"适应你不能改变的,改变你不能适应的,如果真的既适应不了,也改变不了,就选择离开,离开之前想清楚是否能找到更好的。"如果这次选择错了,也没关系,但同样的错误不要重复再犯即可。每一次经历,都是宝贵的人生财富。

学生:老师您的话很触动我,但我现在还是不知道如何面对我的店长,我真的不喜欢他。

老师:其实每个人身上都有我们喜欢的,也有我们不喜欢的。如果我们总是盯着他们身上不好的、自己不喜欢的,就会看着不顺眼、不顺心。试着转换一下视角,他身上一定会有我们认可的、甚至欣赏的方面;或者换位去思考一下,他为什么那样待人、那样处事。再不行,就想着这个人是上天派来度你的,如果这么不喜欢的人你都可以搞定,以后还怕遇到更大的挑战吗?

学生:嗯,老师,那我努力去试一试。

老师:好的,要有思想准备噢,肯定还会有更大的困难和挑战。想想自己在三十而立之年,到底想成为一个什么样的人,到底要过什么样的生活,到底什么对自己才是最重要的?若真能想清这些问题,我想当你再次面对现实中的困难和挑战时,你一定会有不一样的视野和格局。

学生:老师,我明白了,我会努力的,谢谢您!

【案例4】

梦想和现实之间的选择

案例背景:有个学徒制班的学生在成为一名大学生之前是一位京剧男旦演员,从七岁开始启蒙,九岁正式拜师学艺,到现在已经十年了。上高中以后，就开始面临在梦想和现实之间选择的困境。他梦想成为优秀的表演艺术家，但现实是那需要花费很多的时间精力，同时家人也不支持，他们认为一个男孩子总是扮演女性角色不大好，认为他应该考大学、毕业找一份稳定工作、然后结婚生子。他自己也逐渐动摇，可能是随着年龄增长开始有了许多物质上的追求，但传统戏曲演出赚到的钱实在是不多的，只够维持生活。为此他非常烦恼，找到老师寻求指导。

辅导工具：成果框架、刻度尺、情绪管理、强有力问题等。

学生：老师，我其实有个困扰了好长时间的烦恼，但是比较涉及自己私生活，我能单独和您谈谈吗？

老师：没问题啊！

学生：您知道，我以前是一位京剧男旦演员，开始时我选择逃避，一直拖到了高中快毕业，承受不住各方面的压力，才选择了面对现实，也选择了学徒制上大学，希望自己从艺术上需要的人才快速转化为企业需要的人才。但我没有完全放弃京剧，我依然和剧团保持联系，偶尔也会出去演出，我又产生了回归梦想的想法。特别是在去年的下半年，我的师傅离开了这个世界，他将自己最钟爱的一把扇子留赠给我，我更加确定了回归梦想的决心。但是没想到疫情忽然就来了，让剧团从新年期间到五月好不容易接到的商演全部都取消了，剧团的经费一下就锐减了，我又陷入了现实的困境里。

老师：嗯，你现在的困境是什么呢？

学生：我现在就处在现实与梦想难以选择的困境里，被两者折磨着。刚上完老师的课程，我的烦恼减去了四分，但还有六分。如果说方向比努力更重要，那我应该怎么选择自己的方向，我的内心是迷茫的。

老师：能否告诉我你现在最想要的是什么？或者说，你和老师谈完了，你最想得到的是什么？

学生：我想拥有好的物质生活，但又不愿意放弃十年来努力的东西。唱戏虽然让我幸福，但现在我需要的是成功啊！

老师：放弃十年来努力的东西就能获得好的物质生活吗？拥有好的物质生活，一定要放弃十年来努力的东西吗？

学生：老师的意思是？

老师：如果我们的思维不这么刚性，不是非此即彼，还有没有第三种选择？黑与白之间不一定就是灰色，有可能是彩虹噢。

学生：但是老师，如果我要选择去为生活拼命工作，那我就必须要先放下我的梦想。如果我要选择梦想，就要承受可能很长一段时间的物质上的缺失和旁人的非议。

老师：物质上的缺失？旁人的非议？

学生：其实，我更害怕的其实是旁人的非议。我知道做自己最重要，但有些人说出的话像是风刀霜剑严相逼。

老师：嗯，其实你面对的真正的问题是旁人的非议对吗？

学生：嗯，物质方面，也许我还可以忍耐，但不知道能忍耐多久罢了。

老师：这个问题你可控吗？我指旁人的非议。

学生：不可控，我不能控制别人说话。

老师：对不可控的问题，你的选择应该是什么？

学生：我是要去适应不能改变的情况吗？

老师：不去唱戏就不会有旁人的非议啦？在职场上，我们需要经常面对别人的非议，甚至越成功，面对别人的非议和质疑就会越多，对此，你有何觉察吗？

学生：老师，您是一个很成功的人，面对非议你是怎么做的呢？我想看看您的方法。

老师：我管不了别人，只能管自己，别人的非议往往也是好事，让我更自律。

学生：您是抗争还是无视？

老师：不抗争也不无视，中间还有很多选择。每一种经历都会带着一个礼物与你不期而遇，我希望每一次都能找到那个礼物，让自己成长。

学生：我知道成为一名人民教师是您儿时就有的梦想，在您成为教师之前您有过别的梦想吗？

老师：有，让自己、家人、父母以及周围的人过上好的生活。

学生：您现在做到了，我也希望能用梦想来填补现实。

老师：好的生活是相对的。当年我在企业工作了十年，以较好的收入让我的家人过上了比较好的生活，就不问西东地去追寻自己的梦想去了，没想到实现梦想后，发现过往10年的企业经历对我的教学很有帮助。而且我也可以让家人过上更好的生活，因为带给了家人更丰富的精神世界，这才发现两者其实不矛盾，只是在一生中有前后，每个阶段有不同重点而已。

学生：老师，我好像懂了。也许我可以先选择在现实的生活里磨砺自己，进入企业让自己更了解社会，这也可以提高我对艺术上的理解与修养。在拥有了一定物质基础以后，我可以去重拾自己的梦想。

老师：嗯，人生不如意十月八九，每个人都差不多，都有自己不同阶段的烦恼。但能有自己的梦想、追求；有自己的乐趣和欢喜，18岁的人生已经很精彩了。我感觉你的人生很精彩！

学生：老师，我觉得我的烦恼消去了很多，只是我可能还不能完全面对他人的指指点点，可能我的年纪还小，心理素质没有那么强吧。

老师：一点点来，老师在你这个年纪也不能完全坦然面对。烦恼情绪来了很正常，我们接纳它，别让他长久纠缠我们即可。

学生：嗯嗯，我懂了，谢谢老师！

第十八章　工具运用指导性建议

工具 1：黄金圈法则

（一）工具小结

"黄金圈法则"这个工具可以帮助我们迅速理清各类问题的思路，发现事物的本质。从 WHY 开始的思考，能抓住问题的本质，明确最终的目的；接着思考如何去做，才能实现目标；最后是做什么，也就是具体的行动。这个工具的核心就是"从 WHY 开始的思考"，它能帮我们解决什么问题呢？一是可以解决方向和目标的问题；二是解决动机和动力的问题。可以用于帮助我们找到初心、坚守初心；也可以帮助我们拓展思维的深度，提升发现本质的能力。

无论是面对长远的人生，还是面对眼前的任务，多问问自己：

你是否清晰地知道自己到底想要的是什么？这是目的和方向；

你是否清晰地知道用什么高效的方法去做？这是手段和方法。

你是否清晰地知道自己的具体行动？这是明确的任务。

在行动过程中，如果遇到困难和挑战，是否可以不忘初心，回到原点，然后重新上路，笃定前行。

（二）使用建议

"学以致用、知行合一、身心合一"是我们团队的一个重要理念；育人先育己，树人先树己，这是提升我们育人能力的关键所在。

请引导学生运用该工具进行思考，回答下列问题，然后团队之间共同分享。

1. 你为什么上大学？或者你工作是为了什么（why）；写出你认为最重要的 5 个理由。

(1) _____
(2) _____
(3) _____
(4) _____
(5) _____

2. 你准备怎样上大学？或者你工作中的主要方法论是什么？（how）：写出 5 种方式或方法。

(1) _____
(2) _____
(3) _____
(4) _____
(5) _____

3. 你上大学准备学什么、做什么？或者你自己在工作中可决定的要做的重要的事是什么（what）；写出你个人思考后的选择。

(1) _____
(2) _____
(3) _____
(4) _____
(5) _____

工具 2：AMBR 焦点管理

（一）工具小结

AMBR 焦点管理则是一个帮助我们转换视角、拓展思维广度的工具。关注所向，力量所在。焦点放在哪里，能量就会流向哪里。它能让我们从不同视角去看待人、看待事、看待物，改变思维方式，提升心智模式；它能让我们向前看，不纠缠于过去的问题中；有效界定问题、找准焦点，清晰目标与成果；它能让我们向内转，不纠缠外因的制约；界定可控与不可控事项，凡是不可控，选择不纠缠。适应你不能改变的，改变你不能适应的，如果既适应不了也改变不了，就选择离开，离开前想清楚，自己是否有能力找到更好的。

（二）使用建议

"学以致用、知行合一、身心合一"是我们团队的一个重要理念；育人先育己，树人先树己，这是提升我们育人能力的关键所在。

请引导学生运用该工具进行思考，回答下列问题，然后团队之间共同分享。

1. 每个人分别给出一个你们学习或生活中遇到的令你或不快，或伤心，或烦恼，或愤恨的某件事，请用 AMBR 工具，看看如何通过调整视角、站位，甚或立场、格局，来调整你的关注点，进而改变你的心智、你的行为，最终改变结果，让你从这件事中获得成长。

请先简要描述一下这件事：

_____
_____
_____

调整前的 A：_____

调整前的 M：_____

调整前的 B：_____

调整前的 R：_____

调整后的 A：_____

调整后的 M：_____

调整后的 B：_____

调整后的 R：_____

2. 每个人分别给出一个你们学习或生活中遇到的令你或不快，或伤心，或烦恼，或愤恨的某个人，请用 AMBR 工具，看看如何通过调整视角、站位、甚或立场、格局，来调整你的关注点，进而改变你的心智、你的行为，最终改变结果，改善你们之间的关系。

请先简要描述一下你和这个人的关系：_____

调整前的 A：_____

调整前的 M：_____

调整前的 B：_____

调整前的 R：_____

调整后的 A：_____

调整后的 M：_____

调整后的 B：_____

调整后的 R：_____

工具3：逻辑层次图

（一）工具小结

逻辑层次图，它是一个能够帮助我们提升站位与格局的工具，同时又是能够落地你的执行力的工具；思维的上三层可以为你赋能，下三层可以为你落地，如果你的思维能在这六个层次上下贯通，你就可以既仰望天空、又脚踏实地，进而实现知行合一、身心合一。

人的思维往往分为六个层次：

第一层是愿景：说的是你希望的人生愿景是什么？

第二层是身份：说的是你想要成为什么样的人？

第三层是价值观：什么对你很重要？你到底想要什么？

第四层是能力：有哪些能力帮你成为你期待的人？

第五层是行为：采取哪些行动是最重要的？

第六层是环境：你何时开始、在哪里行动？如何获得环境的支持？

（二）使用建议

"学以致用、知行合一、身心合一"是我们团队的一个重要理念；育人先育己，树人先树己，这是提升我们育人能力的关键所在。

请引导学生运用该工具进行思考，回答下列问题，然后团队之间共同分享。

请静下心来，运用逻辑层次图这个工具，回答如下这些直击灵魂的问题吧：

1. 你人生真正想要的是什么？你想有什么样的成就？

_____

_____

2. 你想要成为一个什么样的人？你希望别人怎么评价你？

_____

_____

3. 你为自己确定了什么目标？这个目标足够明确吗？你将用什么标准来衡量你的目标？

_____

_____

4. 你只是想要，还是一定要实现这个目标？

_____

5. 你这么做是为了谁或是为了什么？

_____

6. 一定要实现这个目标的话，你为此想做的一件"要事"是什么？它对你的目标有什么帮助？

_____

_____

7. 你会遇到什么困难，你准备如何克服？

_____

_____

8. 你第一步行动要做的是什么？你会坚持下去吗？

_____

_____

9. 如果不坚持下去，你付出的代价将是什么？三年后你会成为一个什么样的人？

_____

_____

10. 如果坚持下去，三年后你会成为一个什么样的人？那时的你会带给父母或亲朋什么样的感受？

_____

_____

工具4：语言负转正

（一）工具小结

语言是心智的表征，是思维的具象。它很有能量，可以传播信息，更能传播思想。每个人的语言模式不一样，你对自己的语言模式是否有全然的觉察？你的每一句话带着怎样的能量？是带给自己、或他人愉悦、激励、行动力？还是烦恼、打击、无力感？是有助于成长、成功还是不利？这个单元通过"语言负转正"这个工具来提升心智，改善思想。具体来说就是通过转换视角、心态、思维等，将负向语言有意识地转为正向语言，让正向语言更多地赋能我们的学习、工作和生活。

语言是有能量的！

小心你的语言，因为它会变成你的思想；

小心你的思想，因为它会变成你的行动；

小心你的行动，因为它会变成你的习惯；

小心你的习惯，因为它会变成你的性格；

小心你的性格，因为它会变成你的命运。

语言、思想、行动、习惯、性格最后决定命运。

（二）使用建议

"学以致用、知行合一、身心合一"是我们团队的一个重要理念；育人先育己，树人先树己，这是提升我们育人能力的关键所在。

第十八章 工具运用指导性建议

请引导学生运用该工具进行思考，回答下列问题，然后团队之间共同分享。

练习1：《重塑心灵》里有一个典型的负向语言的例子："因为上级挑剔，所以我工作不开心。"

转"正"方式为：首先把句中的结果（工作不开心）改为它的反义词，再把句首的"因为"两字放到最后，成为"上级挑剔，所以我工作积极，因为……"然后反复地思考，如何从不同的视角，能把句子补充完整，且实现"负转正"的能量转换："上级挑剔，所以我工作更积极，因为……"（完成15次的不同转换）

1. _____
2. _____
3. _____
4. _____
5. _____
6. _____
7. _____
8. _____
9. _____
10. _____
11. _____
12. _____
13. _____
14. _____
15. _____

练习2：请对以下25个句子进行"负转正"。

1. 负：这是个看脸的颜值时代，而我长得却上不了台面。
   正：_____

2. 负：我笑起来不好看，所以不愿意笑。
   正：_____

3. 负：我十分努力就是没法获得成功。
   正：_____

4. 负：我不想去上课，但又害怕老师点名。
   正：_____

5. 负：做什么事情都不顺利，我太难了。
   正：_____

6. 负：那个人太难相处了，和他共事简直就是受罪。
   正：_____

7. 负：室友不愿意跟我一起玩。
   正：_____

8. 负：为什么没人理解我的观点。
   正：_____

9. 负：我不喜欢与人交流沟通，感觉很困难。
   正：_____

10. 负：我爱的人不爱我，爱我的人我不爱。
    正：_____

11. 负：社团太无聊了，我还是做我自己的事情吧。
    正：_____

12. 负：排队那么多人，好烦啊！
    正：_____

13. 负：原以为大学很美好，读大学却一点都不轻松。
    正：_____

14. 负：上课的路程太远了。
    正：_____

15. 负：下雨天什么事都做不了，真心烦。
    正：_____

16. 负：老师对我们太严厉了，好痛苦。
    正：_____

17. 负：为什么我总是这样，干啥都干不好。
    正：_____

18. 负：我做什么事情都不顺利，我太难了。
    正：_____

19. 负：现在的东西太贵了，我的工资又那么低。
    正：_____

20. 负：今年我们业绩达标，明年公司肯定又加码，没人能体谅。
    正：_____

21. 负：我工作再努力，也赶不上房价的增长速度。
    正：_____

22. 负：这时代没钱是万万不能的，真羡慕那些富二代。
    正：_____

23. 负：我有拖延症，但改不了。
    正：_____

24. 负：我父母不公平，对我的弟妹很偏心，而忽略我的感受。
    正：_____

25. 负：我妈很心疼我，就是太爱唠叨，很烦。
    正：_____

练习 3：结合你的学习、工作与生活，以及前期对语言"负转正"的学习，自己给出 10 个日常"负转正"案例，并在小组中进行分享，在小组之间进行 PK。

1. 负向语言：_____
   正向语言：_____

2. 负向语言：_____
   正向语言：_____

3. 负向语言：_____
   正向语言：_____

4. 负向语言：_____
   正向语言：_____

5. 负向语言：_____
   正向语言：_____

6. 负向语言：_____
   正向语言：_____

7. 负向语言：_____
   正向语言：_____

8. 负向语言：＿＿＿＿＿＿＿＿＿＿＿＿＿＿＿＿＿＿＿＿＿＿＿＿＿

　　正向语言：＿＿＿＿＿＿＿＿＿＿＿＿＿＿＿＿＿＿＿＿＿＿＿＿＿

9. 负向语言：＿＿＿＿＿＿＿＿＿＿＿＿＿＿＿＿＿＿＿＿＿＿＿＿＿

　　正向语言：＿＿＿＿＿＿＿＿＿＿＿＿＿＿＿＿＿＿＿＿＿＿＿＿＿

10. 负向语言：＿＿＿＿＿＿＿＿＿＿＿＿＿＿＿＿＿＿＿＿＿＿＿＿

　　正向语言：＿＿＿＿＿＿＿＿＿＿＿＿＿＿＿＿＿＿＿＿＿＿＿＿＿

工具 5：成果框架

（一）工具小结

"成果框架"是指在我们日常学习、工作和生活中，将问题变为成果，将语言变为心声和行动的一个重要工具。

这个工具的核心是四个支撑要素：

一是遇负必转正，面对负面消极的语言或情绪，先问：你到底想要的是什么？明确指向学生想要的，而非负面的不想要的，这是非常重要的一环，想要的往往是正向的；事实上，我们的学生往往知道的是自己不想的，却说不出自己想要的是什么，这就要通过遇负必转正，进行训练；

二是自身要可控，通过教师的指导、支持与帮助，让每个学生对自己负责，要聚焦在"我可以做的事"上，这是可控的部分，对于不可控的要暂时放下，先看看自身可控的事如何做好。避免总是抱怨外界环境，其实这样的思维会非常低效。"行有不得"，首先应该"反求诸己"。

三是目标要合理，不要期望一蹴而就、一步登天、一举成名、一夜暴富，一定要树立长期主义的思想，确立符合自己和外界实际的目标。

四是先开启一小步行动，达成了，再继续前进，行而不辍，未来可期。

（二）使用建议

"学以致用、知行合一、身心合一"是我们团队的一个重要理念；育人先育己，树人先树己，这是提升我们育人能力的关键所在。

请引导学生运用该工具进行思考，回答下列问题，然后团队之间共同分享。

1. 案例研讨

一个学徒制学生，在门店实习期间和学校指导老师抱怨：店长总是让我做卫生，我是一个大学生，初中生还不会做卫生吗？那招我来干什么呢？这肯定是负向语言，请用成果框架工具小组研讨，先完成前两个支撑因素的训练，即：遇负必转正、自身要可控。

2. 互相辅导

两人一组，互相给出自己在日常学习与生活中遇到的一个负向事例，请用成果框架工具，帮助对方解决，不只是将语言从负转正，还能真正做到言为心声、言行一致，进而实现知行合一、身心合一。

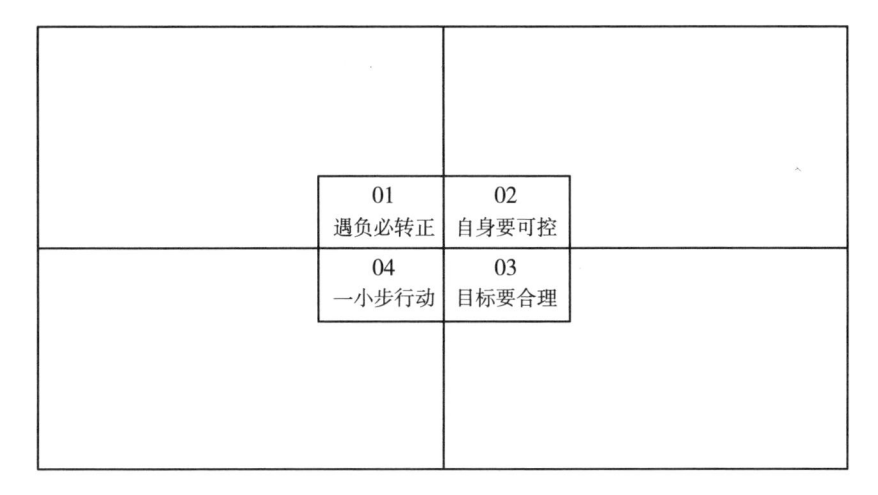

	01 遇负必转正	02 自身要可控
	04 一小步行动	03 目标要合理

图 18-1　成果框架工具

工具 6：情绪管理 ABC

（一）工具小结

人既可以是有理性的、合理的，也可以是无理性的、不合理的。当人们按照理性去思维、去行动时，他们就会很愉快、很有成效。情绪是伴随人们的思维而产生的，情绪上或心理上的困扰是由于不合理的、不合逻辑思维所造成。这个单元的情绪管理 ABC 是一个很有帮助的情绪管理工具。

符合逻辑的思维往往产生合理的信念，会引起人们对事物适当、适度的情绪和行为反应；而不合理的信念则相反，往往会导致不适当的情绪和行为反应。当人们坚持某些不合理的信念，长期处于不良的情绪状态之中时，最终将导致情绪障碍的产生。

（二）使用建议

"学以致用、知行合一、身心合一"是我们团队的一个重要理念；育人先育己，树人先树己，这是提升我们育人能力的关键所在。

请引导学生运用该工具进行思考，回答下列问题，然后团队之间共同分享。

练习一：

1. 请回忆你上一次出现负面的情绪是什么时候？这种情绪是如何产生的？你当时的表现是什么样？你现在再看当时的自己，会有什么觉察？

_____
_____

2. 下一次再出现这样的情绪，你可否对它耐心一些，叫出它的名字，让自己保持觉知，如："你正在发怒呢，你很生气是吧？""没事的，你一会就会好起来的。"

_____
_____

3. 想想下一次再遇到同样的问题或事情，你可否更理性地去面对。

_____
_____

练习二：

当你情绪低落或焦虑时或抑郁时，你有什么办法可以缓解或可以疗愈？写完后与同学分享。

1. _____
2. _____
3. _____
4. _____
5. _____
6. _____
7. _____
8. _____
9. _____
10. _____

练习三：

学习完情绪管理 ABC 工具，反思你最近一次不好的情绪经历，A、B、C 分别是什么？能否重新审视 B，来改善你的情绪 C。完成后与同学分享。

A _____
_____

B _____
_____

C _____
_____

重新审视 B，看可否改善你的情绪 C。

B _____
_____

C _____
_____

练习四：

如王阳明所说：对于立志真切的人来讲，一切都有办法；而对于立志不真的人来讲，一切都有困难。想要控制、调整、改善情绪，除了将身体调整到舒适的状态，将思维训练成理性的状态，还有一个很重要的方法，就是要行动，这个行动是有助于"身体、思维、情绪"协同向好的行动。以下是哈佛大学给出的提高智商的 10 个关键行动，让我们一起行动吧！

1. **不抱怨、不指责**

高情商的人不指责别人，不抱怨别人。其实，抱怨和指责都是不良情绪，它们会传染。高情商的人只做有意义的事情，不做没意义的事情。

2. **充满热情和激情**

高情商的人对生活、工作和感情保持热情和激情。调动自己的积极情绪，让好的情绪伴随每天，不让不良情绪影响生活和工作。

3. **包容和宽容**

高情商的人宽容，心胸宽广，心有多大，眼界有多大，你的舞台就有多大。高情商的人不斤斤计较，有一颗包容和宽容的心。

4. **沟通与交流**

高情商的人善于沟通，善于交流，且坦诚对待，真诚有礼貌。沟通与交流是一种技巧，需要学习，在实践中不断地总结摸索。

5. **多赞美别人**

高情商的人善于赞美别人，这种赞美是发自内心的、真诚的。能看到别人优点的人，才会进步得更快，总是挑拣别人缺点的人会故步自封，反而退步。

6. 保持好心情

高情商的人每天保持好的心情，每天早上起来，送给自己一个微笑，并且鼓励自己，告诉自己是最棒的。

7. 养成聆听好习惯

高情商的人善于聆听，聆听别人的说话，仔细听别人说什么，而不是自己滔滔不绝。聆听是尊重他人的表现，聆听是更好沟通的前提，聆听是人与人之间最好的一种沟通。

8. 勇于负责

高情商的人敢做敢承担，不推卸责任，遇到问题，分析问题，解决问题。正视自己的优点或者不足，是敢于担当的人。

9. 每天进步一点点

高情商的人每天进步一点点，说到做到，从现在起开始行动。不是光说不做，行动力是成功的保证。

10. 用心对待他人

高情商的人善于记住别人的名字，用心去做，就能记住。记住了别人的名字，别人也会更加愿意亲近你，和你做朋友，你会有越来越多的朋友。

有些事情看起来很复杂，想起来就很头大，但当你真正去做的时候，就会发现并没有那么糟，而且最后往往都是能做好的。

【个人练习】

1. 以上 10 个行动，你最想先开始的是哪一个？

_____

2. 这个行动为什么对你很重要？

_____

3. 对于这个行动，如果让你给自己目前的状态打个分，1－10 分，你会打几分？通过你的刻意练习？你希望达到多少分？

_____

4. 这个行动经过反复训练，如果真的让你养成了习惯，那时你会变成一个怎样的人？

_____

5. 接下来，你的行动计划是什么？

_____

_____

_____

6. 你对自己实施行动计划的承诺度打个分，1—10分，你会打几分？

_____

加油！说到做到，祝你成功！

工具7：与人共情

（一）工具小结

"与人共情"这个工具，主要用于理解、处理和改善他人的情绪。共情是指能设身处地体验他人处境，从而能够感受和理解他人的情感。我们总是说"理解万岁"，被理解了，心里的纠结被解开了，就会感受到对方是爱自己的。理解，就是说出当下在对方内心深处的真实感受。共情，不只是一个工具，而是一个生命对另一个生命的理解。

下面就是共情时经常使用的几种语言模式。

1. 表达对人情感的理解

"你现在的感受很无奈是吧，换了我可能更郁闷。"

"你感觉很委屈是吗？我能理解你的心情。"

"我知道这种事处理起来很难，你真是不容易啊！"

2. 表达对对方意图的理解

"你想说的是你并不是在乎拿到多少钱，你在乎的是自己的付出能得到别人认可对吧？"

"你现在最希望的是他能够承认错误，当面道歉是吧？"

"我理解你的想法，我知道这对你很重要。"

3. 以具体的行为表达对他人的关心

"你需要我帮你去和他沟通一下吗？"

"你看我能为你做些什么，让你感觉好受一些呢"

"我陪你出去走走，换个心情好吧？"

4. 表达不同观点的方法

"我还有一些新的想法，不过我感觉你的话也很有道理……"

"我有一点不同看法，不过你的观点挺新颖……"

"我们的观点不同，但可以理清我们的思路，激发我们的灵感。"

（二）使用建议

"学以致用、知行合一、身心合一"是我们团队的一个重要理念；育人先育己，树人先树己，这是提升我们育人能力的关键所在。

请引导学生运用该工具进行思考，回答下列问题，然后团队之间共同分享。

1. 公司最近提升了好些人，却没有我的份儿。好几次我想和总经理谈谈，又总是鼓不起勇气，唉！我真的没有用，我真恨自己！

与人共情：_____

_____

2. 每天忙着复习专升本考试，寒假都没有回家，下了这么大功夫，但是对考试心里还是没有底；看到班上很多同学都找到了工作，我更加焦虑了。

与人共情：_____

_____

3. 关于转专业的事情我已经尝试跟妈妈和睦沟通，但的确行不通，她从来都不考虑我的想法和感受。

与人共情：_____

_____

4. 这份工作我已经做了 5 年了，已经厌倦了工作，它总是每天简单的重复。但别的又有什么可做的呢？

与人共情：_____

_____

5. 老师，我已经很努力地学习专业知识了，每天早早地就去图书馆学习，可还是没有达到令人满意的成绩，我很失落。

与人共情：_____

_____

工具8：时间管理矩阵

（一）工具小结

时间管理矩阵是将我们每天面对的学习、工作和生活中的不同事情按"紧急、不紧急、重要、不重要"分为四个象限。

紧急任务是指：如果不能按期完成，它对你或别人的价值会减少甚至消失。

重要任务是指：如果成功地完成，你或别人将取得很大的收益。带来的收益越高，这项任务的重要程度越高。

我们每天所做的事情，可以据此分类，归入四个象限：

一是：紧急且重要的任务。

二是：紧急但不重要的任务。

三是：不紧急但重要的任务。

四是：既不紧急又不重要的任务。

这个工具的核心是将大部分时间放在第二象限，这样你会是一个什么样的人呢？你是一个着眼于未来的人，而不是只顾眼前瞎忙的人。将大部分时间放在重要且不紧急的事情上，人生或许会更加从容淡定。

（二）使用建议

"学以致用、知行合一、身心合一"是我们团队的一个重要理念；育人先育己，树人先树己，这是提升我们育人能力的关键所在。

请引导学生运用该工具进行思考，回答下列问题，然后团队之间共同分享。

1. 请回顾昨天你做过的所有事情，并按Ⅰ、Ⅱ、Ⅲ、Ⅳ以及发生的时间段分类列出。例如：昨天清晨 6：30－7：30 读英语。每天必需的、正常的如睡眠、三餐、洗漱等可以不写。

表 18-1 一天的事务分类表

时间＼类别	Ⅰ	Ⅱ	Ⅲ	Ⅳ

续表

类别 时间	Ⅰ	Ⅱ	Ⅲ	Ⅳ

2. 第四象限的事情可否不做？可以减少哪些？或减少时间的投入？

（1）以后可以不做或减少时间去做的是：

（2）算算这样每天可以节省多少时间？

3. 第三象限的事情有哪些可以减少？或减少时间的投入？

4. 减少第四、第三象限的事情，会节省多少时间呢？节省下来的时间用在第二象限上，可以增加的事情会有哪些？

5. 第一象限的事情经常会很多吗？有哪些是因为第二象限上的事情拖着不做，或没有足够的时间去做，就会因为自己的原因转成第一象限的事情的？

现在把第4象限的事情不做或减少，节省下来的时间用于第二象限后，会否减少你第一象限的任务，让你的学习和生活变得更从容有序？

5. 试想一下：你若能坚持上边的行动，三年后你会是一个什么样的人呢？会否与现在有很大的不同？你愿意成为那样的人吗？若愿意现在就开始行动好吗？

6. 你愿意采取的第一步行动会是什么呢？你愿意每天坚持下去吗？

7. 你行动的承诺度有多高？如果按 1－10 计分，你会给自己的承诺打多少分呢？

好！没有人可以改变你，能改变我们的只有自己。加油，相信你在不久的将来，一定会遇见一个更好的自己！

工具 9：刻度尺

(一) 工具小结

"刻度尺"是一个能将感受、态度、状态、进展、动机与想法等抽象概念转变成具体的、形象的方式加以描述，能将模糊的事情清晰化，最终激发行动能量的一个工具。

"刻度尺"工具的主要功能：

可使问题描述具体化，行为行动化。

可用来作为指导进展的指标，从中比较出不一样的变化。

刻度尺提问可以帮助界定问题以及要达成的成果。

刻度尺提问可以协助学生用直觉来表达他们对过去的观察，并通过评估和测量未来的可能性。

刻度尺提问可以用来了解学生对任何事的知觉。包括自尊、自信、愿意为改变投入的行动、对期待的改变愿意辛苦工作的程度、问题解决的优先级、进展的评价等。

(二) 使用建议

"学以致用、知行合一、身心合一"是我们团队的一个重要理念；育人先育己，树人先树己，这是提升我们育人能力的关键所在。

请引导学生运用该工具进行思考，回答下列问题，然后团队之间共同分享。

1. 如果让你给自己上大学后的努力状态打个分（1－10），你会打几分？如果不是 10 分，差的那几分是什么？你是否想改变现状？你准备从哪做起？你的承诺度（1－10），你会打几分？

2. 迷茫是很多同学的常态，在学完逻辑层次图这个工具后，你的迷茫有无降低，用1—5打个分，你感觉自己的迷茫程度降低了几分？差的那几分是什么？你还有什么问题需要老师指导？

3. 学完情绪管理 ABC 这个工具，用 1—10 给你自己控制与管理个人情绪的能力打分，你会打几分？差的那几分是什么？接下来你准备如何进行改善？你行动的承诺度（1—10），你会打几分？

4. 如果让你给自己这次比赛的满意度打分（1—10），你会打几分？差的那几分是什么？接下来你准备从哪些方面进行改善？你行动的承诺度（1—10），你会打几分？

工具10：强有力问题

（一）工具小结

"强有力的问题"是一个很好用的工具，它能帮助我们通过提出"强有力问题"，启发引导学生自己找到解决问题的方法或者激发自身的动力，赋能自己。强有力问题，往往是开放式问题，它能鼓励人们去深入思考，可以自由而开放地回应问题。通过不断地、有目的地留意那些打开思路的方法，开放式问题会在各个方面创造出让学生自我觉察的状态，这就是开放式、强有力问题的力量。

按问题的不同性质或意图，为大家列举出五类在解决学生问题时十分实用的"强有力问题"。

第一类："探询学生期望"的强有力问题。

第二类：鼓励学生自找方案的强有力问题。

第三类：对于学生如何选择和如何决策的强有力问题。

第四类：关于"计划与行动"的强有力问题。

第五类："学生失败后"的强有力问题。

（二）使用建议

"学以致用、知行合一、身心合一"是我们团队的一个重要理念；育人先育己，树人先树己，这是提升我们育人能力的关键所在。

请引导学生运用该工具进行思考，回答下列问题，然后团队之间共同分享。

学会解决问题：

步骤1：请写出一件最近让你十分困扰或者头疼的事情，可以是工作、学习、生活中的事情，也可以是你自己、朋友或家人的事情。（注：在全班范围内随机抽取一名学生A来参与步骤1）

步骤2：请结合本单元所学的知识（或你的人生经验），结合你的思考，根据上述同学的描述提出1－2个强有力的问题，以帮助同学A更好地思考该问题的本质（WHY）。（注：在全班范围内随机抽取一名学生B来参与步骤2）

步骤3：请结合本单元所学的知识（或你的人生经验），结合你的思考，根据上述同学A和同学B的描述提出1－2个强有力的问题，以帮助同学A更好地思考该问题如何做和做什么（HOW和WHAT）。（注：在全班范围内随机抽取一名学生C来参与步骤3）

工具11：假如式提问

（一）工具小结

"假如框架"的思维鼓励我们突破限制性信念，去大胆地梦想，暂时跳过或绕过障碍继续前行。我们可以使用"假如"类的问题来拓展思维。假如问题可以快速地激活我们的大脑及心灵深处那些不可思议的想法，带动我们进入富有创意的视角。

假如框架作为强有力问题的一类提问方式，它有多种分类，也暗示了各种预设的情况，以此帮助我们用更为广阔的开放式思维探索和选择。通常有时间转换、视角转换、系统转换、资源转换和按钮式提问五种假如式提问方式。

（二）使用建议

"学以致用、知行合一、身心合一"是我们团队的一个重要理念；育人先育己，树人先树己，这是提升我们育人能力的关键所在。

请引导学生运用该工具进行思考，回答下列问题，然后团队之间共同分享。

请充分运用"假如框架"的思维，结合自己的经历和过往体验，围绕以下几个维度（当然也可以围绕其他自己感兴趣的维度）的问题展开思考，进行假如式提问训练。

示例：假如我能够坚持每天锻炼半个小时，我的身体应该不会像现在这样，隔三岔五就容易生病。

学习能力方面：

1. 假如_____，我_____。
2. 假如_____，我_____。

人际关系方面：

1. 假如_____，我_____。

2. 假如_____，我_____。

习惯养成方面：

1. 假如_____，我_____。

2. 假如_____，我_____。

情绪控制方面：

1. 假如_____，我_____。

2. 假如_____，我_____。

工具 12：平衡轮

（一）工具小结

"平衡轮"就是将一个圆平均分成若干等份（一般分成六或八等份），然后将影响一个问题的相关因素或方面填写在圆中，并用刻度尺的方式进行量化，以帮助自己厘清现状，觉察到平时忽略的部分或者是目前的差距，找出希望有所改变的内容，然后制定计划，采取行动。这是一个视觉性很强的工具。

如果有咨询关于人生的问题，或者工作、学习与生活平衡的问题，或者不知道自己想要什么等问题时，你就可以用"平衡轮"这个工具，并让当事人在一张平衡轮练习表上做如下事情：

首先，可以问他："什么是对你一生最重要的事情？请填在等份的这个平衡轮的圆中。"

（多数人会想到下列内容：健康、财富、爱情、事业、自我实现、友情、爱好、家庭等。）

接着，你可问他"目前每一方面的满意度是多少（如果 10 分是满分，你给目前的每一方面打几分）？请在图中标示出各方面的分数，并两两相连，形成一个雷达图"。

最后，你可以问他："你对目前的状况满意吗？如果选一个你最想改变的地方，那是什么？改变这个方面对其他方面会有什么影响，能起到带动和协调发展的作用吗？"

需要注意的是，运用平衡轮所展示的一定是当事人的现状；对每一个部分是否满意,满意的程度如何,哪一部分需要改变,这些都依照当事人的标准,必须由他自己做出判断和决策,而不是遵照他人的意愿。

(二) 使用建议

"学以致用、知行合一、身心合一"是我们团队的一个重要理念;育人先育己,树人先树己,这是提升我们育人能力的关键所在。

请引导学生运用该工具进行思考,回答下列问题,然后团队之间共同分享。

1. 让自己安静下来,把过往三年做过的重要事情梳理一遍,并填写到下面的表框中。

2. 在表框中找出重要的 8 件(不足以实际为准)放在下面的平衡轮中,并对这 8 件事情的满意度用刻度尺打分。

3. 可用彩笔将其涂色,这样过往三年的工作生活情况就跃然纸上。

4. 思考未来你想提升哪一项,是否会撬动其他方面共同提升与完善?写出行动计划。

表 18-2　过去 3 年工作与生活的重点梳理

过去 3 年工作与生活的重点:

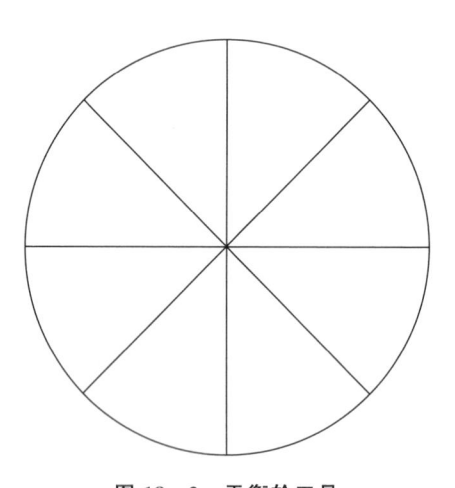

图 18-2　平衡轮工具

工具13：笛卡尔坐标

（一）工具小结

无论是教师个人发展，还是在指导学生过程中，总会遇到各种各样的选择与决策问题。"笛卡尔坐标"是一个很好的工具。这个工具就是将你面对的难以选择和决策的问题分为4个维度进行思考和分析。一方面可以让人比较全面、系统、理性地进行判断；另一方面，当你感觉这四个维度让人的意识有点乱、脑子不够用时，你可以通过想象的画面绕开逻辑脑，进入潜意识，发挥潜意识或者说是直觉的功能，进行决策。

那该如何运用这个工具呢？如果你的问题是二选一，左右为难，我们需要思考以下这四个问题：

如果你AB都选择，会发生什么情况？

如果你选A不选择B，会发生什么情况？

如果你选B不选择A，会发生什么情况？

如果你不选A、不选B，会发生什么情况？

（二）使用建议

"学以致用、知行合一、身心合一"是我们团队的一个重要理念；育人先育己，树人先树己，这是提升我们育人能力的关键所在。

请引导学生运用该工具进行思考，回答下列问题，然后团队之间共同分享。

1. 请写出一件最近让你十分纠结或者难以抉择的事情，可以是工作、学习、生活中的事情，也可以是你自己、朋友或家人的事情。

2. 尝试运用笛卡尔坐标分析一下这个让你纠结不已的问题（或者是引导你的朋友、家人进行运用），看看能否理清自己（或朋友、家人）的思路，从而解决问题。

工具 14：改变方程式

（一）工具小结

改变方程式这个工具是：D×V×FS＞0

这个公式说明一个人要发生改变，需包括三个必要因素：

第一个是 D-dissatisfaction：代表对当前状况的不满，为了扩展这个公式，你也可以把它看作是当前状态和渴望状态间的差距。

第二个是 V-vision：代表对未来愿景的期望，也就是可能性。它会以自己的价值观为基础。也就是，你觉得这事很重要，你才有意愿去期待。

第三个是 FS-FirstStep：代表迈向愿景的积极的第一步。

用改变方程式促进个人的转变，就是要三个因素一定要大于零。因为，不管其他数值有多高，基本的数学原理是 X×0＝0。所以，任何一个因素 D、V、FS 等于零或接近零，就不可能有行动或促使改变的可能。只有三个变量在一起非常强大时，变量才会最大。

（二）使用建议

"学以致用、知行合一、身心合一"是我们团队的一个重要理念；育人先育己，树人先树己，这是提升我们育人能力的关键所在。

请引导学生运用该工具进行思考，回答下列问题，然后团队之间共同分享。

表 18-3 改变方程式工具表单

第一步　D—当前现状的不满
1. 请对你当前工作（或学习、生活、习惯等）状况中不满意方面的对其打分（1—10 分），你会打几分？
2. 差的那几分是什么？你有什么样的启发？

续表

第二步 V—未来愿景的期望
1. 请对你当前工作（或学习、生活、习惯等）状况中不满意方面的未来期待有哪些？你有什么样的启发？
2. 假如你所期待的都能够得到实现，会是什么样的场景？你可以简单描述一下吗？
第三步 FS—做出积极的第一步
1. 如果要让你所期待的能够实现，需要完成哪些可预见的行动？按 1—10 分打分，你的承诺是几分？
2. 在这些可预见的行动中，你能做出的第一步行动是什么？你打算什么时间采取行动？地点？
注意事项：任何一个因素 D，V，FS 等于零或接近零，就不可能有行动或促使改变的可能。只有三个变量在一起非常强大时，变量才会最大。所以，请认真思考和完成每一个步骤，确保 D，V，FS 达到最大值。如果有必要，可以结合我们学过的其他工具（例如黄金圈法则、逻辑层次图等）帮助你完成价值观的澄清。

工具 15：GROW 模型

（一）工具小结

GROW 模型，它是一个用来帮助成长的工具，是一个综合性、系统性的工具，它的应用非常广泛，可以用于帮助我们自己成长、帮助学生的成长，帮助伙伴朋友成长，甚至是帮助我们孩子的成长。当然，他还可以帮助我们平时开展的很多项目的成长，以及我们所在的团队和组织的成长。

GROW 分别代表 4 个不同的英文单词：

第一个 G：Goal Setting，就是目标确定。

第二个 R：Reality，就是厘清现状。

第三个 O：Option，就是发展路径。

第四个 W：Will，就是行动计划。

（二）使用建议

"学以致用、知行合一、身心合一"是我们团队的一个重要理念；育人先育己，树人先树己，这是提升我们育人能力的关键所在。

请引导学生运用该工具进行思考，回答下列问题，然后团队之间共同分享。

请在学习完 GROW 模型后，运用下表中的操作流程完成一次案例采访，并进行整理，以帮助来访者更加清晰自己的目标、现状、发展路径和行动计划。

表 18 - 4　GROW 模型工具运用

来访者		来访时间	
话题简述			
阶段	问题库		对话要点记录
Goal 目标确定	◆你的目标具体是什么？ ◆这个目标对你来讲到底有多重要？（如果用 1—10 分来衡量） ◆对于这些目标，你个人有多大的掌控能力？ ◆如果目标不能实现会给你带来什么损失或后果？ ◆你的目标……（SMART 目标），是吗？ ……		
Reality 厘清现状	◆目前的情况是怎样的？ ◆到目前为止，你做了哪些尝试？效果怎么样？ ◆影响目标达成的因素有哪些？哪些是你可控的？ ◆你有哪些资源？ ◆你有哪些优势？ ◆可以把握的机会是什么？ ……		
Option 发展路径	◆为了实现目标，你可以做些什么呢？还有呢？ ◆具体你会怎么做呢？ ◆前面提到了……你会如何做呢？ ◆假如你……会怎么看呢？ ◆如果你做到了刚刚谈到的几点，你能实现目标吗？ ……		
Will 行动计划	◆你决定选择哪个、哪些方案或方法？ ◆要完成这些行动，按 1—10 分打分，你的承诺是几分？ ◆是什么阻碍你没有打到 10 分？ ◆你可以做些什么，把分数提高到接近 10 分？ ◆今天交流结束后，你的第一步行动是什么？你打算什么时间采取行动？地点？ ……		

参考文献

[1] 查理·佩勒林. 4D 卓越团队 [M]. 李雪柏,译. 北京:中华工商联合出版社,2014.

[2] 约翰·惠特默. 高绩效教练(原书第 5 版)[M]. 徐中,姜瑞,佛影,译. 北京:机械工业出版社,2018.

[3] 玛丽莲·阿特金森,蕾·切尔斯. 唤醒沉睡的天才:教练的内在动力 [M]. 古典,王岑卉,译. 北京:科学技术文献出版社,2013.

[4] 玛丽莲·阿特金森. 被赋能的高效对话:教练对话流程实操 [M]. 杨兰,译. 北京:华夏出版社,2015.

[5] 何巧. 绩效跃升地图——改变世界的 28 个关键对话 [M]. 北京:华夏出版社,2020.

[6] 阚雅玲. 心智与行为模式提升 [M]. 广州:广东高等教育出版社,2020.

[7] 阚雅玲. 职业规划与成功素质训练 [M]. 北京:机械工业出版社,2018.

[8] 阚雅玲名师工作室. 课程思政探索与实践 [M]. 广州:广东高等教育出版社,2021.

[9] 阚雅玲,徐艳林,柳二白,等. 岗前辅导——店长从这里起步 [M]. 广州:广东高等教育出版社,2016.

[10] 高校教师专业发展联盟."课程思政"教学设计编制指南及方法 [EB/OL]. [2020-04-13]. https://mp.weixin.qq.com/s/syOSEndRV8xdVavTB_E2OA.

[11] 思而行. 课程思政实施路径的方法 [EB/OL]. [2020-07-27]. https://mp.weixin.qq.com/s/jWAd3kDyN2r5w6FnB3JN1g.

[12] 曹殿波. 课程思政的基本理论之——隐性思想政治教育理论 [EB/OL]. [2020-08-02]. https://mp.weixin.qq.com/s/pGl_zEmFCEPQ43DC4Ejymg.

[13] 曹殿波. 课程思政研究与实践的问题域 [EB/OL]. [2020-08-05]. https：//mp. weixin. qq. com/ s/OrwPkvXmfxLE9cospKxieQ.

[14] 曹殿波. 课程思政教学改革实践中的"曲折" [EB/OL]. [2020-08-07]. https：//mp. weixin. qq. com/s/ywPKiFbqEqZg-KtSdHHdLw.

[15] 曹殿波. 课程思政实践中的十个误区 [EB/OL]. [2020-08-10]. https：//mp. weixin. qq. com/ s/tUlDLsO86ubxqFcLvCsg7w.

[16] 王玉珂. 教练技术：刻度尺提问——让问题真正看见 [EB/OL]. [2019-06-13]. https：//mp. wei xin. qq. com/s/iuouNdbIVQVIE8TaJ4F9NA.

[17] 博士后伴你学. 什么是人生平衡轮？[EB/OL]. [2020-12-10]. https：//mp. weixin. qq. com/s/ ZsbRkmHL6XE _ -ELCJQ6KHw.

[18] Windy Liu. 教练视角｜比努力更重要的，是提升你的逻辑层次 [EB/OL]. [2019-09-20]. https：//mp. weixin. qq. com/s/BaFXSjia-ByWz1A2ABdPiw.

[19] 生涯豆. 生命平衡轮年年要做的八件事 [EB/OL]. [2019-11-27]. https：// mp. weixin. qq. com/ s/XZ2pL _ Da-6aZ9vy8O7 _ QIg.

[20] 春风好教练. 平衡轮运用的教练流程 [EB/OL]. [2018-11-09]. https：//mp. weixin. qq. com/s/ AgEqaTC7iuDWfZNb5INqFQ.

[21] 何巧. 改变的方程式，帮助孩子真正改变 [EB/OL]. [2016-03-19]. https：//mp. weixin. qq. com/ s/gkK7bfKOA9glLgxp2jGGiA.

[22] 张同生. 课程思政下高职辅导员育人能力的提升路径 [J]. 山西财经大学学报，2022，44（S2）：76－78.

[23] 游旭群，靳玉乐，李森，罗生全，任胜洪. 新时代教师教育高质量发展大有作为 [J]. 高校教育管理，2022，16（5）：1－21.

[24] 陈鹏，陈荣卓. 高校专业课教师课程思政建设的意识和能力提升研究 [J]. 湖北社会科学，2022（8）：139－145.

[25] 韩职阳，曹洪军. 基于"SECI"模型的高校思政课教师育人能力提升路径 [J]. 黑龙江高教研究，2022，40（6）：62－66.

[26] 陈中，王蕊. 专业课教师课程思政育人实效生成的四重维度 [J]. 教育理论与实践，2022，42（12）：28－31.

[27] 蒋占峰，刘宁. 高校教师提升课程思政育人能力的价值意蕴、现实挑

战与逻辑进路［J］.中国大学教学，2022（3）：70－76.

［28］王建洲，杨润勇.高职教师育人能力评价标准构建研究［J］.职业技术教育，2022，43（6）：13－19.

［29］韩雪军，曹晔.教师职业能力标准化：新时代中职教师教育高质量发展的基本路向与行动方略［J］.职业技术教育，2022，43（6）：20－24.

［30］叶剑强，米帅帅，毕华林.新时代理科教师胜任力模型构建与内涵解析［J］.教师教育研究，2022，34（1）：71－77.

［31］刘虎，王勤.高质量发展背景下高校实验教学育人能力的建设［J］.实验室研究与探索，2021，40（12）：258－261＋282.

［32］李华凤.多渠道拓展教师的综合育人能力［J］.中国教育学刊，2021（12）：99.

［33］王剑锋，韩赢，闫志利.标准视域下职教师范生职业能力的增进特征与培育策略——基于全国12所高等学校的调查［J］.中国职业技术教育，2021（33）：60－67.

［34］陈恩伦，金哲.高校教师育人能力的生成逻辑与提升路径［J］.中国电化教育，2021（9）：18－25.

［35］靳玉乐.新时代高校教师一般育人能力探讨［J］.高校教育管理，2021，15（4）：1－12.

［36］李宜江.提升教师教书育人能力素质［J］.教育发展研究，2021，41（12）：3.

［37］张铭凯，王潇晨.《学记》中的教师育人能力及其培育管窥［J］.教育科学研究，2021（6）：88－92.

［38］穆葆慧，孙佳明.基于CIPP模型的高校"青马工程"育人能力评价指标体系研究［J］.学校党建与思想教育，2021（6）：59－61.

［39］尤芳舟.新时代高校专业教师的育人能力建设［J］.现代教育管理，2021（3）：60－67.

［40］苏娜，刘梅梅.新高考后普通高中育人能力现状调查及对策研究——基于对31省1256所普通高中的调查［J］.中国教育学刊，2021（1）：54－59.

［41］王宪青，邹安妮，冯世德.立德树人视域下课程思政建设思考［J］.教育教学论坛，2020（53）：79－81.

[42] 邱秋云．脱贫攻坚背景下高职涉农专业课程思政的实现路径［J］．高教探索，2020（12）：93－97．

[43] 刘正光，岳曼曼．转变理念、重构内容，落实外语课程思政［J］．外国语（上海外国语大学学报），2020，43（5）：21－29．

[44] 吉强，张波，樊巧芳．专业课"课程思政"育人路径探究［J］．中国多媒体与网络教学学报（中旬刊），2020（7）：175－177．

[45] 张家军，靳玉乐．论教师一般育人能力的内涵与价值向度［J］．中国教育学刊，2020（7）：89－96．

[46] 靳玉乐，胡绪，张家军．教师一般育人能力的意义、特点与构成［J］．西南大学学报（社会科学版），2020，46（4）：93－100＋195．

[47] 王娜．新时代高校全员育人常态化的制度路径研究［J］．思想政治教育研究，2020，36（3）：111－114．

[48] 刘鹂，陈晓端，李佳宁．教师育人能力的理论逻辑与价值澄明［J］．教育研究，2020，41（6）：153－159．

[49] 郭丽莹．高校创新创业教师胜任力指标体系的实证分析——基于全国12596名教师样本［J］．南京师大学报（社会科学版），2020（3）：53－62．

[50] 贺慧敏．教师育人能力的价值及内涵辨析［J］．教育评论，2020（3）：127－131．

[51] 马丽萍．高校推进"课程思政"全员全过程全方位育人的有效路径研究［J］．吉林省教育学院学报，2020，36（2）：74－77．

[52] 吴晨映．专业课教师"课程思政"能力问题探讨［J］．河南教育学院学报（哲学社会科学版），2020，39（1）：56－59．

[53] 刘志．高校思想政治工作体系构建的瓶颈及超越［J］．思想理论教育，2019（12）：17－23．

[54] 朱广琴．基于立德树人的"课程思政"教学要素及机制探析［J］．南京理工大学学报（社会科学版），2019，32（6）：84－87．

[55] 周小单．自媒体时代高职辅导员网络育人能力提升策略［J］．传媒论坛，2019，2（22）：20＋23．

[56] 董杰，徐丛璐．课程思政下高职院校育人工作融入专业教学路径研究［J］．浙江纺织服装职业技术学院学报，2020，19（1）：83－86．

[57] 刘加霞，王秀梅．读懂学科育人价值提升教师学科育人能力［J］．中

小学管理，2019（10）：37－39.

[58] 黄彩云. 高校专业课教师"课程思政"育人能力研究［J］. 新西部，2019（27）：143－145.

[59] 刘志. 思想政治工作体系贯通高校人才培养体系需突破三方面关键瓶颈［J］. 思想教育研究，2019（6）：93－97.

[60] 陈虹，潘玉腾. 立德树人视域下高校心理育人价值及其实现路径［J］. 思想理论教育，2019（5）：86－89.

[61] 谢守成，文凡. 新时代高校组织育人的逻辑定位、现实境遇与实施策略［J］. 思想理论教育，2019（5）：95－100.

[62] 王瑞. 构建全课程育人的高校思想政治教育大格局［J］. 思想理论教育导刊，2019（3）：122－126.

[63] 余胜泉，彭燕，卢宇. 基于人工智能的育人助理系统——"AI好老师"的体系结构与功能［J］. 开放教育研究，2019，25（1）：25－36.

[64] 李旭龙，沙洪成，陈洪鑫. 社会生态学视域下校园足球育人功能的制约因素及实现路径［J］. 沈阳体育学院学报，2019，38（1）：1－6＋15.

[65] 刘志，韩雪娇. 研究生导师立德树人需要突破的三重瓶颈［J］. 研究生教育研究，2018（5）：13－17＋64.

[66] 王建洲. 新时代高校思想政治理论课教师育人能力建设探析［J］. 思想理论教育导刊，2018（7）：87－91.

[67] 彭艳红，廖军和. 专业认证背景下师范生教育实践能力结构及指标体系构建［J］. 贵州师范学院学报，2018，34（3）：72－79.

[68] 王帅. 高校党组织育人现实考察与提升路径探析［J］. 广西社会科学，2018（2）：214－217.

[69] 石丽琴，梁燕. 深化新时代思想政治教育规律研究探索高校辅导员核心素养发展实践指向——2017年全国高校辅导员发展专题研讨会综述［J］. 广西师范学院学报（哲学社会科学版），2018，39（1）：125－128.

[70] 董奇. 育人能力是教师教育教学能力的核心［J］. 中国教育学刊，2017（1）：3.

[71] 黄蓉生，李栋宣. 高校思想政治理论课教师"四有特质"的时代论析［J］. 思想理论教育导刊，2015（12）：75－81.

[72] 刘敏慧. 多途径培养中小学生社会主义核心价值观［J］. 中国德育，

2015（22）：14－18.

[73] 沈壮海. 加强和改进高校宣传思想工作的主线、基础和重点［J］. 中国高等教育，2015（6）：30－33.

[74] 费萍. 试论辅导员贫困生资助育人能力的提升［J］. 黑龙江高教研究，2015（2）：133－135.

[75] 陈红敏，赵雷，倪士光. 高校优秀青年教师胜任能力特征［J］. 中国青年研究，2012（4）：111－113.

[76] 韩燕燕. 高等学校"以人为本，资助育人"的能力开发资助模式探索［J］. 出国与就业（就业版），2012（6）：36－37.

[77] 向和. 依靠教师办学提升教师素质［J］. 中国高等教育，2010（21）：1.

[78] 浩歌. 提升大学教师的教书育人能力［J］. 中国高等教育，2010（5）：1.

[79] 韩长友，崔玉子. 高校学术期刊教育功能的弱化及其对策［J］. 编辑学报，2009，21（5）：390－391.

[80] 徐和清，胡祖光. 人才培养模式及其绩效的实证研究［J］. 高等工程教育研究，2007（5）：72－77.

[81] 陈志勇. 和谐视角下的高校辅导员素质自我养成探析［J］. 浙江青年专修学院学报，2007（1）：17－19.

[82] 肖玉红，郑贺，金瑞静. 中学体育教师能力现状与培养方法研究［J］. 淮北煤炭师范学院学报（自然科学版），2005（2）：71－74.

[83] 邱伟光. 提高育人能力是辅导员队伍建设的关键［J］. 思想·理论·教育，2005（5）：9－13.

[84] 季春阳，廖志刚. 在高师教育中实现"教书育人能力"的再生产——如何在高师教育中培养学生的教书育人能力［J］. 教师教育研究，2005（1）：30－35.

[85] 饶明晓. 以"课程思政"提升高职院校育人能力的实践路径［J］. 濮阳职业技术学院学报，2022，35（3）：39－42.

[86] 王方，柴建，王燕妮. 高校教师课程思政的难点、方法与对策［J］. 高等工程教育研究，2023（1）：122－127.

[87] 董必荣，张兴亮. "会计学"课程的课程思政设计研究［J］. 财会通讯，2022（24）：26－29＋42.

[88] 单德伟，黄中生，谢雨豪. 新文科背景下"思践制一体"课程思政模

式构建研究——以南京审计大学会计学专业为例[J]. 财会通讯, 2022 (24): 38-42.

[89] 李瑞琴. 新时代高校有效推进课程思政的再认识——以国际经济学课程思政实践为例[J]. 中国大学教学, 2022 (12): 22-27.

[90] 刘儒德, 洪伟, 杨一. 课程思政实践中的学习规律与教学应对[J]. 中国大学教学, 2022 (12): 28-32.

[91] 赵文. 艺术课程思政教学策略与实践研究[J]. 中国教育学刊, 2022 (12): 157-158.

[92] 王雨茜. 基于传统建筑工匠精神的课程思政教学探索[J]. 建筑结构, 2022, 52 (22): 145.

[93] 张丽, 丁德智. 深化课程思政全课堂育人模式研究[J]. 学校党建与思想教育, 2022 (22): 51-53.

[94] 吕钶, 邢方元. 我国体育院校课程思政建设的特色优势、实践困局与优化路径[J]. 沈阳体育学院学报, 2022, 41 (6): 35-42.

[95] 李蕉, 方霁. 高校课程思政体系化建设的路径探析[J]. 中国大学教学, 2022 (11): 64-71.

[96] 彭立威, 施晓蓉. "新工科"背景下课程思政建设"四全覆盖"模式的探索[J]. 国家教育行政学院学报, 2022 (11): 63-70.

[97] 崔正贤, 马万利. 新时代课程思政建设的功能效用、问题症结与着力方向研究[J]. 中国电化教育, 2022 (11): 82-89.

[98] 楚国清. 以提升人才培养能力为导向的课程思政探索与实践[J]. 北京联合大学学报(人文社会科学版), 2022, 20 (4): 1-7.

[99] 聂桓, 赫杰, 黄雪媚, 韩正滨, 田维明, 鹿敏, 梁林, 李钰. 科研育人视角下的生化课程思政育人模式探索[J]. 生物学杂志, 2022, 39 (5): 121-124.

[100] 谢幼如, 邱艺, 章锐, 罗文婧. 数字化转型赋能高校课程思政的实施进路与评价创新[J]. 中国电化教育, 2022 (9): 7-15.

[101] 杨国栋, 马晓雪. 新文科视域下课程思政与知识传授融合的基本逻辑与实现路径[J]. 高校教育管理, 2022, 16 (5): 96-105.

[102] 徐雷, 李琲琲, 夏璐. 充分发挥高校哲学社会科学的育人功能:哲学社会科学课程思政教育教学改革模式初探[J]. 中国大学教学, 2021

（12）：4—9.

[103] 王英龙，李红霞．课程思政对立德树人成效的影响研究［J］．中国大学教学，2021（12）：69—73.

[104] 李文洁，王晓芳．混合教学赋能高校课程思政研究［J］．中国电化教育，2021（12）：131—138.

[105] 李琦．同向·耦合·创生——关于高校课程思政建设的思考［J］．江苏高教，2021（12）：111—114.

[106] 王英龙．"六结合""三融入"抓好课程思政教学模式创新［J］．人民论坛，2021（34）：107—109.

[107] 韩宪洲．课程思政的发展历程、基本现状与实践反思［J］．中国高等教育，2021（23）：20—22.

[108] 于成文．新时代高校"课程思政"改革的探索与实践［J］．中国高等教育，2021（23）：23—25.

[109] 李蕉，方霁．课程思政中的"思政"：内核、路径与意蕴［J］．思想教育研究，2021（11）：108—113.

[110] 石坚，王欣．立德树人润物细无声：课程思政的内涵建设［J］．外语电化教学，2020（6）：43—45.

[111] 薛桂琴．高校课程思政背景下践行价值观教育目标研究［J］．江苏高教，2020（12）：132—135.

[112] 戴健．高校课程思政教学团队建构探析［J］．江苏高教，2020（12）：100—103.

[113] 郭雨蓉．高校思政育人体系建设的路径探索［J］．中国高等教育，2020（23）：30—32.

[114] 刘建平，周耀杭，莫丹华．深入把握高校课程思政的基本规律［J］．中国高等教育，2020（23）：36—38.

[115] 汤苗苗，董美娟．高校课程思政建设存在的问题及对策［J］．学校党建与思想教育，2020（22）：54—55+70.

[116] 王岳喜．论高校课程思政评价体系的构建［J］．思想理论教育导刊，2020（10）：125—130.

[117] 唐德海，李枭鹰，郭新伟．"课程思政"三问：本质、界域和实践［J］．现代教育管理，2020（10）：52—58.

[118] 张宏．高校课程思政协同育人效应的困境、要素与路径［J］．国家教育行政学院学报，2020（10）：31－36．

[119] 高国希．教师课程思政意识与能力的提升［J］．教育研究，2020，41（9）：23－28．

[120] 杨国斌，龙明忠．课程思政的价值与建设方向［J］．中国高等教育，2019（23）：15－17．

[121] 伍醒，顾建民．"课程思政"理念的历史逻辑、制度诉求与行动路向［J］．大学教育科学，2019（3）：54－60．

[122] 刘隽，范国睿．高校"课程思政"改革背景下师生互动对于学生自我收获感与满意度的影响机理——基于结构方程模型的实证分析［J］．现代教育管理，2019（5）：117－123．

[123] 朱强，谢丽萍，朱阳生．财务管理专业"课程思政"的理论认识与实践路径［J］．学校党建与思想教育，2019（6）：67－70．

[124] 程德慧．产教融合视域下高职院校"课程思政"改革的探索与实践［J］．教育与职业，2019（3）：72－76．

[125] 万林艳，姚音竹．"思政课程"与"课程思政"教学内容的同向同行［J］．中国大学教学，2018（12）：52－55．

[126] 严交笋．高职院校专业课程思政的实现策略［J］．职业技术教育，2018，39（35）：69－71．

[127] 刘清生．新时代高校教师"课程思政"能力的理性审视［J］．江苏高教，2018（12）：91－93．

[128] 胡洪彬．课程思政：从理论基础到制度构建［J］．重庆高教研究，2019，7（1）：112－120．

[129] 沙军．"课程思政"的版本升级与系统化思考［J］．毛泽东邓小平理论研究，2018（10）：81－85＋108．

[130] 肖香龙，朱珠．"大思政"格局下课程思政的探索与实践［J］．思想理论教育导刊，2018（10）：133－135．

[131] 梅强．以点引线以线带面——高校两类全覆盖课程思政探索与实践［J］．中国大学教学，2018（9）：20－22＋59．

[132] 张勇，胡诗朦，陆文洋，周天舒，杨凯，陈小勇，刘婕．生态环境类专业的课程思政——以"环境问题观察"MOOC建设为例［J］．中

国大学教学，2018（6）：34－38.

[133] 邱仁富."课程思政"与"思政课程"同向同行的理论阐释［J］.思想教育研究，2018（4）：109－113.

[134] 高德毅，宗爱东.从思政课程到课程思政：从战略高度构建高校思想政治教育课程体系［J］.中国高等教育，2017（1）：43－46.